JN056978

“当事者に寄り添う”

家事調停委員の基本姿勢と実践技術

飯田　邦男［著］

発行　㊞民事法研究会

はしがき

家庭裁判所の家事調停は、夫婦・家族間等の紛争を、当事者間の話合いにより、互いに納得する解決策を見出していく紛争解決プロセス（制度）です。

家事調停で扱う事件は、当事者の生活および人生の岐路や転換点にあるものがほとんどで、そこには未成年者（以下、「子ども」といいます）の幸福や福祉に関係する事柄も多く含まれています。

ですから、そのような家事調停事件に携わる家事調停委員（以下、「調停委員」といいます）には、当事者の複雑な気持ちや思いをしっかり受け止め、当事者一人ひとりの置かれている状況にも思いを馳せながら、調停に関与することが求められます。

なぜなら、それでなくても当事者は、自分の問題で悩んでいるうえ、調停がどう進められるのかわからない不透明感や、担当調停委員はどのような人か、話をしっかり聞いてもらえるのか、等さまざまな不安や心細さを覚えているからです。

調停委員の役割は、当事者間の対話および問題解決を促進することにあります。そこでは、当事者の意向やニーズから離れたケース理解や問題解決はあり得ず、当事者の意向やニーズをしっかり受け止めていくには、“当事者に寄り添う”という姿勢が必要になります。

しかし、“当事者に寄り添う”ことはそう簡単なことではありません。頭では理解していても、「では、実際どうすればよいか」となると、よくわからないのではないでしょうか。

私は全国各地の調停協会から研修会の講師を頼まれ、講演する機会が何度かありました。そこにおいて、調停委員の方々の関心が高かったのが“当事者に寄り添う”ということでした。実際、調停委員に今いちばん求められているのが、この“当事者に寄り添う”という姿勢ではないかと思います。

そこで本書では、“当事者に寄り添う”をキーワードに、調停委員に求められる基本姿勢と実践技術について、私の知見と調停スキルをご紹介しようと思います。

本書の内容は、以下の私の講演（「　」内は講演のタイトル）がもとになっています（＊は日本調停協会連合会から講師派遣されたもの）。

⑴　山口ADR研究会（2008（平成20）年6月28・29日）：「当事者の納得に向けた調停の進め方」

⑵　京都家事調停協会（2015（平成27）年2月13日）：「実践家事調停学―家事調停委員に求められるもの―」

⑶　東京家事調停協会・相続問題研究会（2015（平成27）年6月20日）：「実践家事調停学―家事調停の基本技術―」＝調停時報196号に掲載。

⑷　相模原調停協会（2017（平成29）年）6月16日）：「実践家事調停学―当事者理解と話の聴き方」

⑸　＊長崎調停協会連合会（2017（平成29）年9月28日）：「今、調停委員に求められるもの―当事者理解と話の聴き方―」＝調停時報199号に掲載

⑹　川越調停協会（2018（平成30）年11月15日）：「実践家事調停学―調停委員の基本姿勢と実践技術―」

⑺　＊小倉調停協会（2019（令和元）年8月30日）：「調停委員の基本姿勢と実践技術」

⑻　広島家事調停協会連合会・広島家事調停協会共催（2019（令和元）年12月7日）：「“当事者に寄り添う”調停委員の基本姿勢と実践技術」

⑼　山口調停協会連合会（2021（令和3）年11月5日）：「“当事者に寄り添う”調停委員の基本姿勢と実践技術」

私は講演に際し、「楽しく、ためになる研修」をモットーに、調停委員の皆様には実技と演習問題を用意し、それに取り組む中で楽しく学んでいただくようにしました。そうしたところ、調停委員の方々にたいへん好評で、私自身も大きな手応えを感じてきました。

そこで、私の講演内容やそのエッセンスを、全国各地の調停委員の方々や

弁護士、司法書士等の調停関係の皆様にご紹介しようと考えてまとめたのが本書です。

本書は以下の考えのもとに書かれています。まず、本書は“当事者に寄り添う”を中心テーマに据え、それに関連した内容が体系的に書かれています。

次に、個々の事柄については、単なる説明だけではなく、その背景にある理論や考え方また実例や具体例を多く紹介するようにしました。

また、本書には、私が講演で実際に実施している「SOLER」(実技) と「内的観点からの相手理解」(演習) を載せました。この二つは私の“秘伝スキル”といえ、私は講演のときに調停スキルのトレーニングとして紹介しているものです。

調停委員の研修会では、主役はもちろん調停委員です。そこで、私の講演を聞いた調停委員の皆様が、講演および実技や演習に取り組む中でどのような感想や思いを抱いたかを、本書の後半で取り上げることにしました。

本書のタイトル「“当事者に寄り添う”家事調停委員の基本姿勢と実践技術」は、前述の(8)広島家事調停協会連合会・広島家事調停協会共催の研修会、および(9)山口調停協会連合会主催の講習会で講演したときのタイトルです。

本書は「“当事者に寄り添う”家事調停委員の基本姿勢と実践技術」について、私のもつ知識と実践技術を体系的にまとめたものです。そこでは、最終的には調停委員はじめ調停に携わる方々のスキルアップを図ることを目指しています。

広島および山口で行った講演は、私のこれまでの講演の集大成といえるものでした。そのことが契機となって本書を著わすことができ、その意味で私に講演の機会を提供してくれた広島家事調停協会連合会・広島家事調停協会および山口調停協会連合会の皆様には、たいへんお世話になり深く感謝を申し上げます。

2022(令和4)年7月

飯　田　邦　男

“当事者に寄り添う”家事調停委員の基本姿勢と実践技術

目　次

第1章
家事調停と家事調停委員

第2章
家事調停で求められる知識と基本姿勢

第3章
家事調停の実践技術

第５節　内的観点からの相手理解の演習

第６節　当事者をより深く理解するための視点

補章
演習問題の解説

第 1 章

家事調停と家事調停委員

1　家事調停の基本要素

本章では、家事調停と調停委員について概括的な説明をします。

⑴　家事調停の定義

私は家事調停については、「司法の枠組みの下で、調停委員会や裁判官を間にはさみ、家族間紛争を当事者間の話合いにより、適正・妥当に解決していく過程である」と定義しています（［１］…巻末引用文献一覧の番号）。

家事調停は、当事者間の相対での話合いと審判や訴訟の間に位置する紛争解決手続です。

⑵　家事調停の三要素

家事調停は〈図表１〉に見るように、当事者、家事調停制度（司法の枠組み）、調停委員会（調停機関）の三つの要素で構成されています（［１］）。

〈図表１〉　家事調停の基本要素

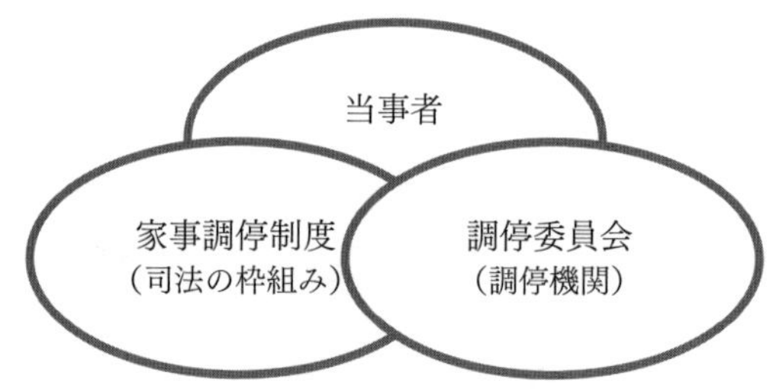

ですから、この三つについて学んでいくと、家事調停を深く理解することができます。

⑶　家事調停の機能

では、家事調停にはどのような特徴があるのでしょうか。家事調停は司法型ADRと呼ばれています。私は、家事調停には次の三つの機能があると考えています（[1]）。

① 司法的機能……司法の枠組みや法律に基づいた話合いにより紛争解決を図り、その結論（結果）には法的効果を付与する。

② ADRの原理……当事者が主体的に参加し、当事者間の話合いをもとに紛争解決を図る。

③ 福祉的機能（ソーシャルワーク）……問題解決には福祉的視点も併せもって関与する。

〈図表2〉　家事調停の機能

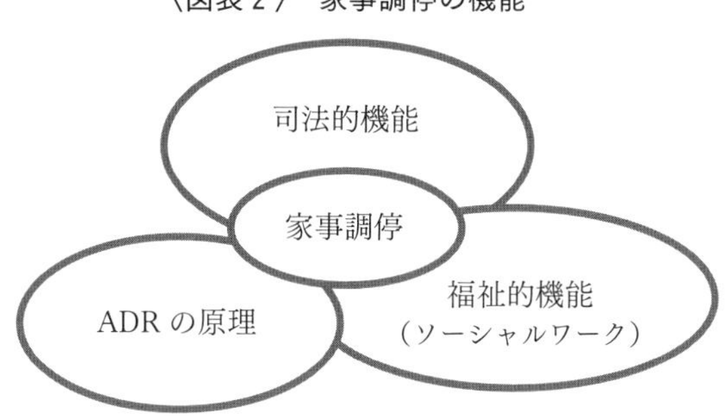

これら三つの機能は、ケース（事件）を適切・妥当に解決していくうえで、いずれも不可欠なものといえます。

この三つの中に福祉的機能（ソーシャルワーク）を含めましたが、家事調停の一つの大きな特徴は、この福祉的機能（ソーシャルワーク）があることです。

ちなみに、ソーシャルワークとは「社会援助のことで、人々が生活していくうえでの問題を解決なり緩和することで、質の高い生活（QOL）を支援し、個人のウェル・ビーイングの状態を高めることを目的として」います（[２]）。

ですから、調停委員が家事調停に携わるということは、司法の一翼を担うとともに、当事者の幸福や福祉に関与するということになります。

2　家事調停委員の職務

(1)　調停委員の二つの役割

調停委員には二つの役割が求められます。一つは、一般市民としての司法への参加です（「市民性」といえます）。高野耕一元判事は、調停委員の神髄について、「民間人としてのボランティア性」にあると述べています（[３]）。

もう一つは、調停の専門家としての役割で、「専門性」といえます。そして、この二つには、お互いに相容れない面があります。では、ボランティア性（市民性）が求められる調停委員には、専門性は求められないのでしょうか。

東京・聖路加国際病院では、何百人もの病院ボランティアが活動しているそうです。それは日野原重明元名誉院長が1970年代から育てたものですが、日野原重明先生は「ボランティアは提供する技術において、プロでなければならない」とし、「そのため技術を磨くための勉強をボランティアには求めます」と言っています（[４]）。

人の生命や健康を扱う医療の現場では、ボランティアであってもある程度のプロの技術が求められていることがわかります。では、家事調停の場合はどうでしょうか。

家事調停は夫婦・家族の生活や将来、また人生の岐路や転換点にある問題を扱っています。そこでは、当事者の個人生活やプライバシーにまで、また、時にはその精神領域にまで立ち入ることがあります。このように個人の生活やプライバシーにまで、また、その内面にまで立ち入る可能性のある調停委員の職務には、ある程度の専門性が求められるのではないでしょうか。

では、具体的に、調停委員に求められる専門性とはいったいどのようなものでしょうか。

(2) 調停委員に求められる専門性

私は調停委員の専門性については、〈図表３〉のような構造になっていると考えています（[５]）。

ここでは、一番下に「価値」が入り、その上に「知識」がきて、「知識」の上に「技術・態度」が乗るという三層構造になります。

「知識」と「技術・態度」との関係は、「技術・態度」にはそれを支える「知識」が必要です。ですから、「知識」が下から「技術・態度」を支える恰好になります。

ちなみに、日野原重明先生は、「臨床はすべて技術である」と言っています（[４]）。家事調停にも臨床の側面がありますので、調停実務においては調停技術が大きな役割を果たすことになります。

〈図表３〉 家事調停委員の専門性の階層構造

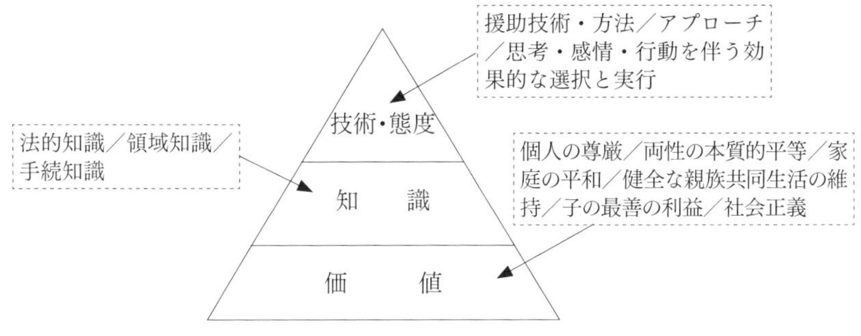

(3) 司法サービスの提供者

経済学や経営学では、サービスとはモノ（有体物）ではなく、人の活動を提供することをいいます。裁判所の民事・家事調停は、裁判所が当事者間の紛争について、「対話及び紛争の解決を促進する」という活動を提供する司法サービスです（[6]）。したがって、調停に携わる調停委員は、司法サービスの提供者ということになります。

ここで先に述べた調停委員の専門性と、司法サービス提供者としての役割を整理すると、司法サービスの提供の構図は〈図表4〉のようになります（[6]）。

調停委員は専門性を備えたところの司法サービスの提供者であり、裁判所から要請を受け、当事者との間で調停活動（協働作業；サービスエンカウンター）を行い、そこにおいて専門的技術や判断を発揮していく、ということになります。

〈図表4〉　司法サービスの提供の構図

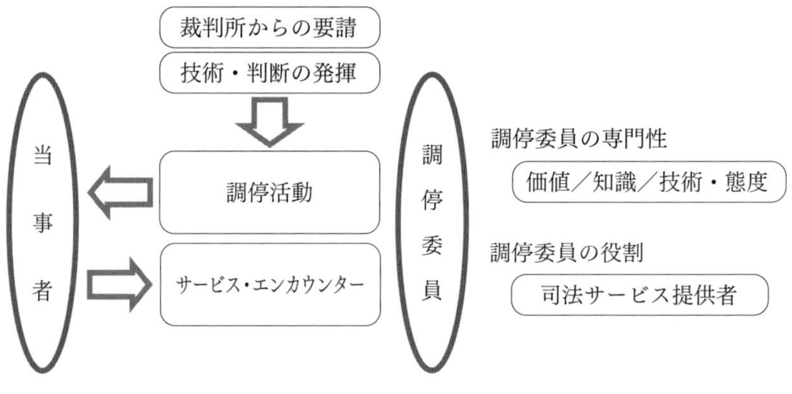

第2章

家事調停で求められる知識と基本姿勢

第１節　家事調停委員の専門性

本章では、調停委員の専門性である、価値、知識、技術・態度（第１章２⑵参照）について詳しく説明します。

１　家事調停における「価値」

⑴　家事調停の「判断材料」

調停活動では、調停委員に瞬時の判断が求められます。そこで確かな判断をしていくには、どうすればよいでしょうか。

ソーシャルワークの場合、ソーシャルワークの実践は瞬時の判断と行動の積み重ねとされ、その時々にどう行動するかについては、原則として以下のようなものが判断材料になるとされています（［７］）。

①　法律、通知等

②　指針、倫理綱領、行動規範、ガイドライン、マニュアル等

③　科学的根拠のあるアプローチや支援方法

④　これまでのさまざまな知見の積み重ねから見出される方向性

⑤　所属する組織やスーパーバイザーなどから示される方向性

ここで挙げられている判断材料は、調停における判断材料とほぼ同じと考えてよいと思います。

実際調停委員が調停判断をするにあたっては、①法律（民法・家事事件手続法等）、②裁判所の通達・通知、③調停のガイドラインや手引書、④審判例や裁判例、⑤調停に関する論稿、⑥裁判所や調停協会等から示される方向

性等、が参考にされています。

(2)「価値」の重要性

しかし、実際の調停場面では、これらの判断材料だけでは判断がつかない場合があります。たとえば、夫婦関係調整（円満調整）事件において、夫と妻の間に価値観の違いがあるような場合です。妻は主体的で自由な行動を望んでいる一方、夫は妻の自由な行動を認めず、それは「妻を思う夫の気持ちの表れである」と主張するような場合です。

このような価値観の違いが問題になるような場合、いったい何を基準に、どう判断すればよいのでしょうか。

ソーシャルワークにおいては、このような場合には「価値」が登場してきます。ソーシャルワーカーは、ソーシャルワークの「価値」を身につけていないと不適切な判断をしてしまう危険性があるため、専門職として共通する「価値」を身につけ、それを第一義的な判断基準とする必要があるとされています（[7]）。

調停委員においても「価値」は重要です。念のために説明すると、ここでの「価値」とは調停委員個々人の価値観ではなく、調停委員として共通にもつべき「価値」を指します。

「価値」とは哲学用語で、個人・社会を通じて承認されるべき絶対性をもった本質的性質や特性をいいます（[8]）。

そして、「価値」が重視される背景には、対人援助の領域のもつ特性として、「何をもって善しとするのか」が極めて難しいためです。

先の例のように妻の価値観と夫の価値観とが衝突しているような場合、どちらも「自分は間違っていない」と考えているわけですから、そこでの判断は難しくなります。

ちなみに、哲学者の伊勢田哲治京都大学大学院准教授は、価値観の違い、ものの見方の違い、目的の違い、といった“立場の違い”に起因する問題については、特に合意をとる必要がないときは放置していても構わないが、「なんらかの合意に達しないといけない状況では、なんとかしてお互いの違いを擦り合わせていく必要があ」り、価値判断の対立においては、「お互いの価値判断をそれぞれ尊重しつつ妥協する、といった解決をとらざるをえなくなり」、「『よりましな回答』はあっても、『正解』はない」と説明しています（[９]）。

「当事者の価値観をどう理解するか」、「立場の違いはどう考えればよいか」、「考え方の違う二人の間の問題は、どう調停すればよいか」等は、最終的には家事調停の目指すべきものに基づいて判断されることになります。

⑶　家事調停の基盤にある「価値」

では、具体的に、家事調停の目指すべきものはどのようなものなのでしょうか。家事調停の基盤には、以下のような「価値」があると私は考えています（[１]）。

まず、憲法の精神である「個人の尊厳」と「両性の本質的平等」です。次に、家事調停自身の「価値」としては、旧家事審判法１条の家事調停の目的（指導原理）であるところの「家庭の平和」と「健全な親族共同生活の維持」、そして、今重要な「子の最善の利益」です。最後に、ソーシャルワークの価値であるところの「個人の尊厳の保持」と「社会正義」です。これらを図示

〈図表５〉　家事調停の基盤にある「価値」

憲法の精神	家事調停の価値	ソーシャルワークの価値
個人の尊厳	家庭の平和	個人の尊厳の保持
両性の本質的平等	健全な親族共同生活の維持	社会正義
	子の最善の利益	

すると、家事調停の基盤にある「価値」は、〈図表5〉のようになります。

これらの「価値」は、“生のまま”では実際のケース（事件）に使えません。実際の調停においては、ケース（事件）や当事者に応じてこれらの価値を柔軟に解釈したり、考え方を当てはめたりすることが求められます。

2　専門性としての「知識」

◇◇

(1)　ADRで求められる「知識」

家事調停は司法型ADRですが、法的な紛争解決手続としてのADRに求められる知識には、以下のものが必要とされています（[10]）。

①　当該紛争の適切な解決に必要な実体法・手続法およびそれらの解釈・運用に関する専門的な知識や能力（法的専門性）

②　当該紛争領域およびその基盤をなす社会関係についての専門的な知識・経験（領域専門性）

③　紛争解決手続についての専門的な知識・経験（手続専門性）……具体的には、交渉・対話促進のための技術・能力、適切な手続遂行の能力

ですから、裁判所の調停委員に求められる知識も、同じようなものと考えてよいでしょう。

(2)　法的専門性

家事調停においては法知識が不可欠です。法律に規定されている家事調停事件について、家事事件手続法その他に則って調停手続は進められていきます。

先に家事調停の判断材料として挙げた、①法律、②裁判所の通達・通知、③調停のガイドラインや手引書、④審判例や裁判例、⑤調停に関する論稿、

⑥裁判所や調停協会等から示される方向性等、はすべてここに入ります。

法律事項に関しては最終的には裁判官が判断しますが、調停委員にも「必要かつ求められる範囲」での法知識が求められます。これらについては、家事調停関係の書籍がたくさん出ていますので、そちらをご覧になってください。

⑶　領域専門性

家事調停で扱う主な対象は、夫婦・家族間の紛争や問題であり、そこで生活している子どもです。家事調停に登場する人々は、一人ひとり個性も性格も違い、また、その生い立ちも、生活環境も、価値観も考え方も、皆異なります。

調停委員はそのような当事者と――しかもその平時ではなく、もめごとやトラブルのさ中にあって、さまざまなストレスや追いつめられた心境下にある人間と向き合うわけですから、家族・夫婦や親子関係について、また、夫婦・家族間の紛争について、さらには、調停中の当事者の思いや心境等について、客観的な知識や理解を幅広くもつことが大事になります。

家事調停の領域専門性はかなり広範囲にわたりますが、この領域専門性をもつのともたないのとでは、当事者理解においても、調停の進行・運営面においても、また解決案の検討に際しても、大きな違いが生まれてくるものと思います。

では、家事調停の領域専門性とは、具体的にどのようなものでしょうか。次節において、私がこれまで学んできた家事調停の領域専門性について、その一端をご紹介したいと思います。

第２節　家事調停の領域専門性

家事事件や家事調停に携わるには、領域知識がたいへん役に立ちます。

1　夫婦・親子に関する知識

(1) 夫婦に関する知識

夫婦関係調整（離婚）事件に携わってみると、結婚後ほとんど問題のなかった夫婦が、子どもの誕生を契機に夫婦関係がギクシャクし始め、離婚に発展するというケースが時々見られます。これはどうしてでしょうか。

(a) 子どもの誕生と親の発達

このことに関して、アメリカのある研究報告が非常に参考になります。それは、親への移行（妊娠後期３カ月から子どもの３歳の誕生日まで）に関して250組の夫婦から７年間聞き取り調査をした「ペンシルベニア州子どもと家庭の発達プロジェクト」という研究報告書です（[11]）。

それによると、この時期には結婚生活に深刻で急激な変化が起こり、これまで考えてもみなかった心配や難題が持ち上がり、経験したことのないストレスと緊張にさらされ、配偶者や結婚生活に対しても、これまで感じたことのない難しい感情が生じるといいます。

そして、子どもの誕生後、結婚生活に生じる問題は、親への移行それ自体の中に二人を隔てて行く分極化傾向があり、分極化の原因は男女の生物学的な違い、夫婦それぞれの人間形成の過程や個人的な体験の違い、各夫婦の家族的背景の違いなどがあり、結婚生活が良くなるか悪くなるかは、これらの違いを超え互いに手を差し伸べられるかどうかによるのだといいます。

(b) 夫と妻の衝突

また、子どもの誕生は、男女の根本的な違いや個人的な違いを際立たせて浮き彫りにし、たとえば共働き夫婦の場合、子どもが生まれる前は夫、妻の仕事のどちらが大切かという問題は考えなくてもよかったが、子どもが生まれれば、その面倒をみるためにどちらかが仕事を調整しなければならなくなり、課題に直面することになるといいます。

つまり、それまであいまいなまま衝突が避けられていた事柄が、親になった途端いくつもの避けられない課題や問題が起き――たとえば、「誰が子どもの面倒をみるか」、「家事分担はどうするか」、「子どもが具合の悪いとき、どちらが仕事を休むか」等々、そこでは夫と妻の違い、男と女の違い、価値観や考え方の違い、生い立ち等が明らかになってくるといいます。そこで課題を乗り越えられればよいが、そうでない場合は夫婦関係にひびが入っていくというのです。

(c) 父親と母親の優先順位と欲求

また、父親と母親に異なる優先順位と欲求をもたらすことも不一致の一因になり、女性にとってもっとも大事なのは家事の平等な分担で、妻が望むのは家庭と子どもに対して積極的な役目を負うパートナーであり、そこでは配偶者の理解と思いやりが重要になるといいます。

一方、父親の優先順位の第一位は仕事で、ほとんどの男性は家族の経済的安定を確保することが第一の務めと信じているうえ、父親は肉体的にも感情的にも母親ほど激しい変化を経験しないため、経済以外の優先順位については少し修正されはするが、子どもが生まれる前と変わらないのだといいます。

そこでは、子どもが生まれて家事の量が劇的に増え、子どもが二人の間の優先事項になったことは頭では理解しても、妻に愛情と注意を向けてほしいと望み、それなりの社交生活を望み、また自分の趣味やスポーツをしたり、友人と会ったりする自由を望むのだといいます。

そのため、個々の対立した優先順位を調停する能力——双方が納得いくかたちで解決するために必要な多くの小さな自己犠牲、相手への思いやりや理解、共感が重要になるといいます。

また、夫と妻の間ではさまざまなことで意見が食い違うが、喧嘩にまで発展するのはたいてい、家事分担、金銭、仕事、二人の関係（おかしくなった責任はどちらにあるのか）、社会生活（外出の回数など）の五つに関してで、これらの問題を互いに満足のいくようなかたちで解決できるカップルは、結婚自体がより良いものになり、一方、それができない人たちはうまくいかなくなると説明しています。

この調査報告書では、親に移行する際のさまざまな困難について詳しく説明していますが、これらを知ると、「なぜ若年夫婦に離婚が多いのか」がわかるようになります。

また、この本には、それらの困難や夫婦の危機を乗り越える方策も書かれていますので、関心のある方は読まれるとよいと思います。

(2)　女性の愛情曲線

「女性の愛情曲線」は、渥美由喜東レ経営研究所ダイバーシティ＆ワークライフバランス研究部長が、女性のライフステージ別に夫や子どもへの愛情の配分がどう変わるかを調査したものです。

それによると、独身期は仕事、趣味などの割合が高いですが、結婚すると夫がトップに躍り出ます。しかし、これは一時のあだ花で、子どもが生まれると子どもが断トツのトップに躍り出て、夫への愛情曲線はガクンと下がるというものです。

そして、その後女性の愛情曲線は、子どもの加齢に従って夫への愛情が回復するグループと、低迷していくグループに二極化するのだといいます。この二極化の背景を探ったところ、「子どもが乳幼児期に、夫がいっしょに子育てをやってくれたか否か」ということと極めて高い相関関係があることがわかったというのです。

出産直後から乳幼児期にかけて、「夫と二人で子育てした」と回答した女性たちの夫への愛情は回復し、一方、「私一人で子育てした」と回答した女性たちの愛情は低迷するといいます（[12]）。

〈図表６〉　女性の愛情曲線の変遷

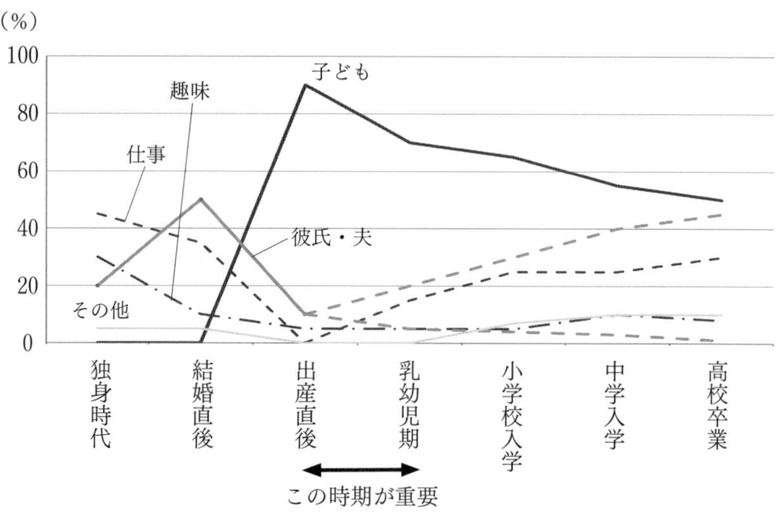

渥美由喜『イクメンで行こう！』（日本経済新聞社、2010）32頁より引用

家事調停では、熟年夫婦の離婚事件がめずらしくありません。そのような離婚トラブルのそもそもの萌芽を考えたとき、子どもの出産期～乳幼児期にまで遡ることができることをこの愛情曲線は教えてくれています。

⑶　子育てに関する知識

父母が子どもをめぐり激しく争っている事件において、親子関係の良し悪しはどのように見極めたらよいのでしょうか。

子どもが元気に健康に育つためには、情緒的適温（適当な温度環境）が望ましいとされています。そして、子どもにとっての適温とは、愛情（affection)、受容（acceptance)、認容（approval）の三つとされています。

これを子どもの側からいうと、「自分は好かれている」(affection)、「自分は相手にされ、受け入れられている」(acceptance)、「自分は良い子だと認められている」(approval）ということになります（[13])。

また、心理学者の山口創桜美林大学教授は、「(アメリカ、フランス、イギリスなど）どの国の育児書にも、身体的に親子が触れ合うことは、子どもの成長にとって欠かせないということが、例外なく強調されている」と説明しています。その理由は、「抱くことが親子の絆を強めるだけでなく、子どもの心理的安定感を促すから」だといいます。

また、親子間のくすぐり行為に関して、そこには「くすぐる人とくすぐられる人との間に親密な関係が築かれていることが必要で」、「受容的で温かい養育態度の母親ほど、頻繁に子どもとくすぐり遊びをしていることがわかった」といいます。

また、非言語的行動としてスキンシップを見た場合、「スキンシップは本心を偽ることが極めて難し」く、嫌いな人は触らないうえ、「万が一嫌いな人に触れなければならない状況になり、相手に触ったとしても触り方までごまかすのは難しい」とし、「触れ方には、その人の気持ちがそのままストレートに現れる」と述べています（[14])。

一般に、人は好きな人には接近し、嫌いな人からは遠ざかろうとします。ですから、子どもの父・母に対する気持ちや思いを確かめたいときには、子どもに対して「父親と母親のどちらに似ていると言われたい？」とか、「手をつなぐとしたら、父親と母親のどちらと手をつなぎたい？」と聞いてみることが一つの方法です。

前者は子どもの自我理想を尋ねる質問であり、後者は非言語的行動としてのスキンシップを尋ねる質問で、ここには親と子の関係の良し悪しが反映されます（[6])。

⑷　親子の絆に関する知識

家事調停事件では、離婚により親（非親権者）と子が別れなければならないケースや、親（非親権者）と子の面会交流がなかなか実現できないケースが見られます。では、親にとり子どもはどのような存在で、親が子どもを失う喪失感というのはどういうものなのでしょうか。

アメリカの臨床心理学者キャサリン・Ｍ・サンダースは、自分の息子を事故で亡くした経験がありますが、配偶者や子ども、親を亡くした125人の遺族に会い、死別後２年間追跡調査をしています。

それによると、親が子どもを失ったときの悲しみの大きさやつらさの理由について、次のように説明しています（[15]）。

①　一般に子どもを失うことがまれだから

親が子どもの死を経験することはまれ。

②　親子の絆が強いから

親子間の絆ほど深い人間関係は他にないうえ、感情的にも深く結びついている。

③　親は子どもを自分と同一視する傾向にあるから

親は子どもの中に自分自身を見るようになり、自分の未来を子どもの未来と重ね、子どもが自分の未来そのものになる。

④　子どもは親を未来につなぐ存在だから

子どもの誕生は希望や夢、期待をもたらす。また、血のつながりを維持する遺伝子という形で私たちを未来へとつないでくれる。

⑤　子どもが社会とのパイプの役目をしてくれるから

子どもをもったとき、社会から一人前の大人として認められ、責任ある大人としての地位を与えられる。

そのうえで、キャサリン・Ｍ・サンダースは、子どもを失う悲しみは他の悲しみとは異なると述べ、その理由について次のように説明しています。

①　果てしない絶望

その悲しみの深さだけでなく、それに伴う罪悪感、無力感などすべての感情が強調され、長引く。

②　気持ちの混乱

子どもを失った親は、何事にも集中できなくなり、この空恐ろしい悲劇を何とか受け止めようとこころが絶望的な戦いを続ける一方、頭の中はわけのわからない思いが錯綜し、混乱する。

③　行き場のない怒り

子どもを救うためにもっと何かできたはずだ、というのが怒りの源。そのため、配慮を欠いた無神経な言い方をすると、事態をいっそう悪くする。

④　避けられない罪悪感

親は子どもに対し責任をもっているため、子どもに何か起こるとすぐに自分を責める。

⑤　ストレスによる心身の消耗

死別によって引き起こされる悲しみは、精神的エネルギーを大量に消費する。そのエネルギーの消費がこころと体をどんどん消耗させ、心身のバランスを失わせる。

非親権者である親が子どもを引き連れて、いっしょに死んでしまうという悲しい事件が時々起きています。そこでは、「親は子どもを私物化している」等の見方をされることがありますが、その背景にあるのは、実は子を失う（失った）ことに対する“喪失感”であり、「子どもと別れたくない」という強い思いが、究極の選択をしてしまっているように見えます。

もしそうだとしたら、それはたいへん悲しむべき出来事であり、家事調停においてはそのような悲劇が起きないように配慮していく責務があります。

その意味で、親子の離別が想定されるような調停事件に携わる場合には、親が子どもを失う喪失感の大きさにも思いを馳せることが必要です。

2　夫婦・家族間紛争に関する知識

(1)　家族間紛争

家事調停事件は、夫婦や家族間の紛争を主に扱います。では、家族間紛争とはどのようなものでしょうか。

一般に、家族内の不和やゴタゴタは、「内輪のこと」として内部で処理してしまおうとされがちです。そこでは、家族間の密接な関係と共同生活のため、相互の立場や気持ちを十分知ったうえでの不和であることが多く、離婚や家出といった方法以外には家族そのものを解体することは事実上困難なので、一度ゴタゴタが生じると家庭は暗く陰鬱なものとなり、しこりがいつまでも残るような隠微な争いが持続するとされています（[16]）。

そして、「他者に知られるのは恥ずかしい」、「身内で何とかしたいという心情」から、いつまでも内輪で抱えることになり、そのため外部に問題が持ち込まれた時には、「かなりごたごたして、こじれにこじれ」、「収拾がつかない状態になっていることが少なくない」といいます（[17]）。

また、家族間の争いでは、“日常生活におけるいら立ち”が主な原因になります。日常生活は細々とした出来事の連続ですが、ストレス研究によると、日常生活に付随するいら立ちがもっとも大きなストレッサーになるといいます（[１]）。

(2)　夫婦喧嘩の特徴

ハーバード流交渉術には、夫婦喧嘩の特徴として「反発のキャッチボール」「泥沼化」「過去のほじくりあい」「論争のテーマが変わっていく」が挙げられています（[18]）。

「反発のキャッチボール」とは、ちょっとした行き違いが思わぬ反発を引き起こし、その反発が今度はもう一方の反発を引き起こす……という具合に繰り返されることです。

「泥沼化」とは、「反発のキャッチボール」を繰り返しながら果てしなき口論が続けられ、問題がもつれる場合は必ず同じようなプロセスをたどっていくことです。

「過去のほじくりあい」とは、相手への攻撃はしばしば非難のかたちをとり、そこでは人格非難のかたちをとり、次から次へとお互いの過去がほじくり返されることです。

「論争のテーマが変わっていく」とは、次から次へと過去がほじくり返されると、そもそもの論争のテーマがすっかり忘れ去られてしまうことです。

(3)　感情のエスカレート

夫婦関係調整事件では、当事者間の感情的対立が激しいことも特徴の一つです。離婚問題に発展するような場合、「大多数は、多くのものが裏切られ、果たされ得ないことを知った結果として生じ」るため、「離婚においては、傷つき、失望、幻滅，自己嫌悪が、特有の愛憎に色づけられながら渦巻く」とされています（[19]）。

また、新ハーバード流交渉術では、強くネガティブな感情は、交渉において以下のような問題をもたらすと述べています（[20]）。

・トンネルビジョン効果……その人の注意の範囲が狭まってしまい、自分の強い感情のことしか頭になくなり、その結果、物事を冷静に創造的に考えることができなくなるという現象
・行動が感情に支配される……後々後悔するような行動をとりやすくなること
・感情の発散……強くネガティブな感情を自分の中に閉じ込めておくことが難しいため、その憤慨を誰か――特にその原因になっている人に向かって、怒りをそのまま率直に表現すること

後ほど詳しく説明しますが、家事紛争においては「感情」が大きな役割を果たしています。

3　幸福な結婚生活に関する知識

夫婦関係調整事件を扱う場合、幸福な結婚生活に関する知識ももつとよいでしょう。

(1)　幸福な結婚生活のための十か条

心理学者の山口創桜美林大学教授は、ハワイで結婚式をあげた際、牧師から「幸福な結婚生活のための十か条」という紙をもらったといいます。

私は山口教授からそのコピーをいただきました。その十か条とは、次のようなものです。

⑴　相手に対する興味を持ちなさい。
　相手がその日どんな体験をしたのか発見しましょう。不愉快な気分も隠さずに、いつも相手の話に耳をかたむけ、相手を見つめることを心がけましょう。

⑵　共感と支援を相手に示しなさい。
　相手の考えや気持ちを理解する努力をし、言葉だけでなく手を握ったり肩を抱いたり、相手にやさしく触れることで思いやりを示しましょう。

⑶　計画を持ちなさい。
　夫婦として成し遂げたいことを明確に目的とし、それを目指す道のりの一歩ずつを計画しましょう。

⑷　意見の食い違いは覚悟しなさい。
　二人の人間が別々の意見をもつことは自然なことです。違った意見でも尊重し思いやりを忘れずにお互いに耳をかたむけましょう。二人の違いが強いチームをつくりあげるのです。

(5)　支配的になるのはやめなさい。

個人の勝利は共同生活者としては敗北です。経済的なことはお互いが平等な権利を持ち、家庭の計画はお互いが平等な義務を持ちましょう。

(6)　ユーモアのセンスを持ちなさい。

小さな苛立ちは軽く受け取りましょう。今日の悲劇は明日になれば笑い話にもなるのです。

(7)　非難は曲げて。

非難は人間関係から喜びを失わせます。相手の長所、誉めるべき所を見つけましょう。相手を誉め自信を持たせる事によってより良い結果が得られます。

(8)　希望を持ちなさい。

挫折感を抱いた時、以前に同じように感じた時の事を思い出してみてください。そして、結果的には心配したほどの事はなく意外と好結果だった事を。

(9)　心を通じ合わせなさい。

良く話し合いましょう。傷ついた時も自分一人で悩んだりふさぎ込まないでどんな状況でも心を開いて話し合いましょう。

(10)　求愛の心を忘れずに。

愛する人を喜ばせたいという要求、そして、愛する人のためにベストを尽くしたいという心の動きを常に持ち続けましょう。

(2)　幸福な家庭をつくる七原則

また、D・カーネギーの古典的名著『人を動かす』の中には、「幸福な家庭をつくる七原則」が書かれています。

七原則とは、①口やかましくいわない（原則１）、②長所を認める（原則２）、③あら探しをしない（原則３）、④ほめる（原則４）、⑤ささやかな心づくしを怠らない（原則５）、⑥礼儀を守る（原則６）、⑦正しい性の知識をもつ（原則７）です（[21]）。

家事調停には、幸福な結婚生活を営んでいる人はあまり多く登場しません。

そのため、「幸福な結婚生活とは？」とあらためて聞かれても、すぐには答えられないでしょう。このような知識も何かの役に立つかもしれません。

⑶　家族援助の八か条

家事調停にはソーシャルワーク機能があると先ほど述べました。家事調停には、夫婦・家族の well-being（幸福・福祉・安寧）を側面から支える役割がありますが、夫婦・家族にかかわっていく場合には留意すべき点があります。

臨床心理学者の竹中哲夫日本福祉大学名誉教授は、「家族援助の八か条」というものを掲げています。参考になるのでご紹介します（[22]）。

①　家族は、専門家よりも長い間クライエントの状態を改善しようと試みてきた。

②　家族が何をしようと、最初にどんなに無分別に見えようと、家族の行動には通常何らかの意味がある。

③　家族の苦境を家族の立場に立って理解しなければ、その家族に特有のニードに合わせた治療的介入ができず、実際何の役にも立たない決まり文句的助言を与えてしまう。

④　いかなる治療的介入も、成功するためには家族の協力が必要である。

⑤　家族の協力を得るためには、家族が忠告されたことを理解し、受け入れる必要がある。

⑥　専門家が、最初に共感的に家族の現状を理解しなければ、いかなる忠告も理解され受け入れられないだろう。

⑦　クライエントの問題が深刻でもその家族にとってその問題が中心的問題でない場合、家族がクライエントに割き得るエネルギーは限られており過大な期待はできない。

⑧　家族は多くの場合、過去の子育てについて絶えず非難されている。また、非難を恐れていると理解すべきである。

また、竹中名誉教授は、家族援助が効果的であるためには、「ひとつの前提が必要で、その前提とは、家族の中に最低一名は次のように考えている者がいることである」と述べています。そして、その前提として以下の三つを挙げています（[22]）。

1　家族の中に問題がある。それは隠しようのない事実だ。私はそれに悩んでおり、何とかしたいと思っている。

2　この問題を私一人で、あるいは他人の手を借りなんとか解決しようと努力してきた。しかし、これらの試みはすべてうまくいかなかった。

3　あなた（カウンセラー）に何とかしてもらいたいと思っている。

4　家事調停と当事者に関する知識

(1)　調停の申立て

心理学者の伊藤直文大正大学教授は、裁判所に訴えることには「大きな勇気」が必要とし、その理由は、「平常では『秘すべき』感情にもとづく主張を公言することは、自らの私的領域での振る舞いが他者に露呈することであり」、「ましてや裁判所などでは、『出る所に出て』自分の正しさを認めてもらおうという、いわば自らの存在意義をかけた切実な行為となる」ため、「通常の相談以上に、引き返すことのできない一歩を踏み出」すことになると述べています（[23]）。

先ほど、家族間紛争は「他者に知られたくない」ため外部に出るまで時間がかかり、家庭内でギリギリまで留め置かれることを述べました。

したがって、調停の申立ては、当事者にとっては「出るところに出る」という固い決意や引き返すことのできない覚悟のうえでのもの、と考えることができます。

⑵　調停に見る当事者のすがた

では、調停（公の場）において、当事者はどのようなすがたを見せるのでしょうか。伊藤直文大正大学教授は、調停では以下のような当事者を見ることができると述べています（[23]）。

①　頑なな態度

紛争がエスカレーションする経過の中では、何らかのかたちで裏切られ、傷つけられたという感覚が双方に必然的に生じる。そこでは、「自己愛的憤怒」から「とにかく変わるべきは相手だ」という頑なな態度に陥りやすい。

②　嘘と隠ぺい

調停では「世間の目」を意識し、話したい気持ちと話したくない気持ちの葛藤が強まる。と同時に、自分にとって有利に事を進めたいという気持ちも働くため、嘘や隠ぺいがめずらしくなく、とりわけ別席調停の構造は嘘や隠ぺいの温床となりやすい。

③　三角関係化

当事者（特に家族）は対立しながらも状況に苦しんでいることがほとんどのため、どこかでその対立を否認したり回避したりするこころの動きが生じ、それが三角関係化につながりやすい。たとえば、妻に逃げられた夫が、妻のこころの離反を認めがたく、「妻の父や兄弟が背後で糸をひいている」、「直接会って話をすればわかるはず」などと主張する。この三角関係化は、しばしば面接者をも巻き込むので要注意である。

⑶　裁判所の「公平性」への信頼

家事調停は、裁判所が主宰するものです。そのため、当事者の気持ちの中には、「裁判所は公平に扱ってくれるはず」という公平性への信頼感があるといいます。

そして、この公平性は当事者から見ると、「自分はきちんと遇されているか」により決まるといいます（[24]）。

一方、調停委員が当事者に信頼されるには、調停委員のエートス（品性・人柄）が重要です。このエートスは、「初期エートス」「中期エートス」「最終エートス」に分けられ、中でも「初期エートス」は特に大事で、基本的に「初期エートス」が高ければそれはなかなか低くはならないが、逆に「初期エートス」が低いと、簡単には高くならないといいます（[25]）。

実際、社会心理学者の鈴木淳子慶応義塾大学教授も、「面接では滑り出しをうまくし、インフォーマント（筆者注：被調査者）に好印象を与えることが肝要である。概して、面接の最初の数分が最後までその面接パターンを決定づけてしまう傾向がある」と述べています（[26]）。

ですから、裁判所の「公平性」を当事者に感じてもらうには、調停の最初の段階で、そのことが当事者にわかるように接していくことが大事です。

5　家事調停に見る当事者のこころ

では当事者は、調停の席にどんな気持ちや思いでいるのでしょうか。

(1)　立ち直りたい気持ち

当事者はそれぞれ解決への努力をしており、その過程（歴史）の中で傷ついています。そこでは失敗感や挫折感を抱いていることが多いわけですが、その失敗感や挫折感からの回復や立ち直りを求めて、相手と喧嘩しているといいます（[24]）。

このことは、次のような解釈も可能です。家族社会学では、家族とは「夫婦・親子・きょうだいなど少数の近親者を主要な成員とし、成員相互の深い感情的かかわりあいで結ばれた、幸福（well-being）追求の集団」とされています（[27]）。

しかし、不幸にして結婚生活がうまくいかない場合、家族の幸福追求機能は弱体化ないし崩壊しますが、家族はそこにとどまらず新たな幸福を追い求めていくことになります。

そして、その過程において結婚生活や離婚問題について、また子どもをめぐって配偶者と争うことになるわけですが、それは「結婚生活に早く区切りをつけたい」、「現状から立ち直りたい」、「新たな幸福を追い求めたい」という気持ちの表れであり、そういう思いの中で配偶者と争っていることになります。

ですから、失敗感や挫折感からの回復や立ち直りを求めての喧嘩というのは、現在の結婚生活に見切りや区切りをつけ、新たな幸福を追い求めていくための行動とみることができます。それを図示すると、〈図表７〉のようになります。

〈図表７〉　離婚紛争と「立ち直り」の構図

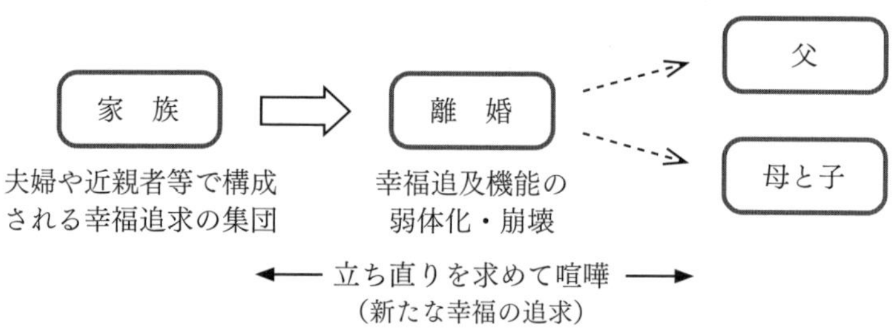

⑵　主体性の喪失感

大正大学カウンセリング研究所長を歴任した伊藤直文大正大学教授は、「当事者は、対立相手との関係において、少なくとも主観的には『侵害され』『振り回されている』と感じ、自らの環境を自分でコントロールできていないと感じている」と述べています。

そして、「他方で、紛争当事者は、紛争以外では社会的に機能している健康な人である場合が多く、なおさら自分の主体性の喪失に苦しんでいる」といいます。

そのため、「一見非常識な主張や態度でもあっても、説得し、変化させようとするその働きかけ自体が主体性への脅威と受け取られる恐れがある」と説明しています（[23]）。

そこでは、大多数の当事者は「自分こそ被害者」、「自分は動かされている」と“受け身”に感じていることが多いため、調停においては、そのような当事者を“ねぎらう”ことが大切になるといいます（[24]）。

(3)　子どもへの執着

家事調停では、子どもの親権や面会交流等をめぐり、当事者間で鋭く対立しているケースが少なくありません。そのような場合、どちらの親も子どもへの愛情を訴えたり、親としての適格性を主張したりしてきます。

しかし、伊藤直文教授によれば、子どもへの執着は「愛情」だけとは限らないといいます（[24]）。

たとえば、子どもの親権を強く主張する場合、そこには当事者の「勝ち負け」の気持ちも関係するといいます。そこでは、子どもの親権を相手にとられることは「自分の負け」を意味し、相手には絶対負けたくないため親権を主張するというのです。

また、配偶者への未練がそこに関係している場合もあるといいます。たとえば、妻に対して「お前居てくれ」とは口が裂けても言えないため、その代わりに子どもに執着したりします。そこでは、子どもへの執着は実は妻への未練の“隠れ蓑”になっているといいます。

このような場合、夫の気持ちは子どもより妻への未練のほうが強いため、夫の見せる子どもに対する気持ちを素直に受け取ることはできません。

そして、このような夫には「諦めの受容過程」が必要となり、時間をかけ諦めの境地に導いていくことが必要になるといいます。

⑷　困った人

家事調停には、いわゆる「困った人」や「ダメな人」が登場してきます。たとえば、「生活費を入れない」、「暴力を振るう」、「家事・育児を手伝わない」、「親の面倒をみない」等々です。このような人については、どう理解すればよいのでしょうか。

まず、「困った人」というのは、いつも「困った人」として扱われてきているということです。そのため、その人たちは「俺は困った人と思われている」と自分でも思っており、立つ瀬がなくなっているといいます（[24]）。

一方、ソーシャルワークにおいては、「困った人」は実は「困っている人である」と理解します。そして、そのような「困った人」＝「困っている人」にアプローチするには、その人の話によく耳を傾け、その置かれている立場や状況に理解を示していくこととされています。

⑸　ゆとりのなさ

そのような「困った人」が調停（公の場）に出てきた場合、自信のなさからビクついたり、おどおどしたりして、堂々と振る舞うことができません。また、気持ちの面でのゆとりのなさから、「前のめり」の主張をすることになるといいます。

そのようなときは少し立ち止まり、ゆとりをもたせていくことが大切になるといいます。具体的にいうと、「一息入れる」、「時間をかける」、「違う道を考える」といったことです（[24]）。

6　離婚と子どもについての理解

(1)　ひとり親家庭と子ども

厚生労働省は5年毎に「全国ひとり親世帯等調査」を実施しています。「平成28年度全国ひとり親世帯等調査」結果の概要（母子世帯と父子世帯の状況）は、次頁〈図表8〉とおりです。

これを見ると、ひとり親世帯となった理由が離婚であるものは、母子世帯で80.2%、父子世帯では76.3%になっています。

また、離婚に伴う養育費については、「取り決めをしている」が母子世帯で44.2%、父子世帯では21.8%です。「取り決めをしていない」場合、その理由は、母子世帯では「相手と関わりたくない」（32.3%）、「相手に支払う能力がないと思った」（21.4%）、「相手に支払う意思がないと思った」（18.3%）となっています。

さらに、面会交流については、「取り決めをしている」のは母子世帯で25.5%、父子世帯では29.0%です。「取り決めをしていない」場合、その理由は、母子世帯では「相手と関り合いたくない」（26.1%）、「取り決めしていなくても交流ができる」（19.7%）となっており、離婚した親と「現在も面会交流を行っている」のは、母子世帯では31.3%、父子世帯では48.1%となっています。

家事調停では離婚をめぐる争いや離婚した夫婦間の養育費や面会交流等の争いが扱われるわけですが、家事調停の結果が、やがてひとり親世帯等の養育費支払いや面会交流の実施の有無等の統計結果に反映されていくことになります。

子どもは親の夫婦間紛争に巻き込まれる中で、生活面と心身面の両面にわたって大きな負担と犠牲を強いられます。このような子どもへのマイナスの

〈図表８〉「平成28年度全国ひとり親世帯等調査」結果の概要

	母子世帯		父子世帯	
	今回調査結果 （平成28年度）	前回調査結果 （平成23年度）	今回調査結果 （平成28年度）	前回調査結果 （平成23年度）
(1)　ひとり親世帯になった理由				
死別	8.1%	7.5%	19.2%	16.8%
生別	91.9%	92.5%	80.8%	83.2%
うち離婚	80.2%	80.8%	76.3%	74.3%
(4)　ひとり親世帯の就業状況				
調査時点の母又は父の就業状況	89.7%	84.3%	94.0%	94.5%
ひとり親世帯になる前の就業状況	76.3%	74.4%	97.0%	97.1%
(5)　世帯年収などの状況				
預貯金額「50万円未満」	51.4%	59.4%	－	－
(6)　離婚によるひとり親世帯の養育費の状況				
養育費の「取り決めをしている」	44.2%	38.5%	21.8%	18.1%
取り決めをしていない理由	「相手と関わりたくない」 32.3%	「相手と関わりたくない」 23.6%	「相手に支払う能力がないと思った」 24.2%	(「相手に支払う意思や能力がないと思った」) (36.1%)
	「相手に支払う能力がないと思った」 21.4%	(「相手に支払う意思や能力がないと思った」) (49.7%)	「相手と関わりたくない」 22.3%	「相手と関わりたくない」 17.6%
	「相手に支払う意思がないと思った」 18.3%			
離婚した父親又は母親からの養育費の受給状況「現在も受けている」	25.4%	20.5%	3.4%	4.2%
(7)　離婚によるひとり親世帯の面会交流の状況				
面会交流の「取り決めをしている」	25.5%	24.2%	29.0%	17.0%
取り決めをしていない理由	「相手と関わり合いたくない」 26.1%	－	「取り決めしていなくても交流できる」 30.8%	－

	「取り決めしていなくても交流できる」 19.7%	–	「相手と関わり合いたくない」 19.5%	–
離婚した親と「現在も面会交流を行っている」	31.3%	28.8%	48.1%	39.4%
面会交流の実施頻度	「月１回以上２回未満」 24.4%	「月１回以上２回未満」 23.4%	「月２回以上」 21.9%	「月１回以上２回未満」 23.6%
現在面会交流を実施していない理由	「相手が面会交流を求めてこない」 28.1%	–	「子どもが会いたがらない」 26.5%	–
	「子どもが会いたがらない」 20.4%	–	「相手が面会交流を求めてこない」 20.5%	–

厚生労働省ホームページ「平成28年度全国ひとり親世帯等調査結果の概要」から引用

影響をなるべく小さくしていく役割が、家事調停には求められているといえましょう。

(2)　離婚した親の子どもに関する悩み

離婚は当事者である夫と妻にはもちろん、子どもに対してもさまざまな困難と悩みをもたらします。では、離婚した親は、子どもに関してどのような悩みを感じているのでしょうか。

厚生労働省では昭和37年から「人口動態社会経済面調査」を実施しています。離婚については「離婚家庭の子ども」をテーマに平成９年に調査を実施し、「人口動態社会経済面調査からみた離婚（平成９年調査）」を公表しています。

それによると、離婚した親の子どもに関する悩みは次頁〈図表９〉〈図表10〉のようになっています。

これによると、離婚した親の子どもに関する悩みで一番多かったのが、「接

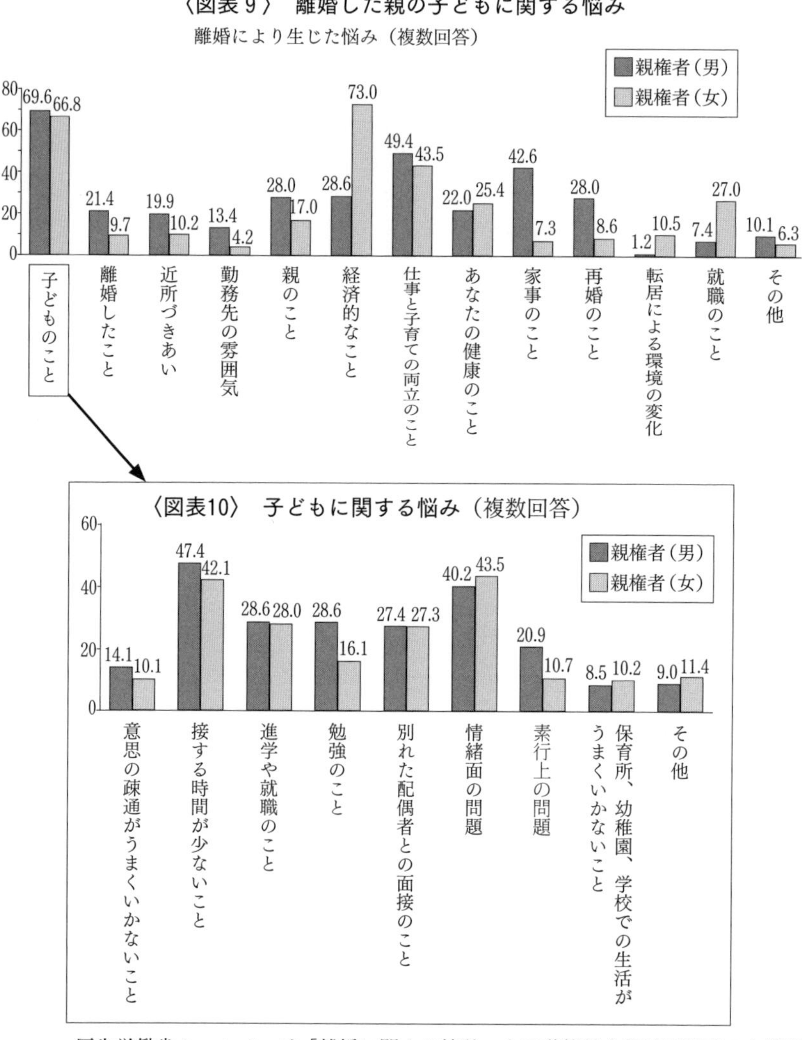

厚生労働省ホームページ「離婚に関する統計　人口動態社会経済面調査みた離婚（平成９年調査）」から引用（英文部分は省略した）

する時間が少ない」で、次に「情緒面の問題」、三番目に「通学や就職のこと」と「別れた配偶者との面接」がきています。

別れた配偶者との面会交流が、悩みの一つになっていることがわかります。

⑶　離婚に巻き込まれる“兵士”の声

親の結婚がうまくいかない場合、子どもは親の結婚生活の破綻と苦悩に巻き込まれていきます。親の離婚に巻き込まれる子どもについて、心理学者のR・ネルソン＝ジョーンズは、「子どもたちは親達の『戦争』に、知らないうちに巻き込まれている『兵士』」と述べています（[28]）。では、実際に、このような“兵士”は親の離婚をどのような思いで見ているのでしょうか。

青木聡大正大学教授は、離婚や面会交流事件で個別事情はそれぞれまったく異なっているものの、「子どもの語る言葉はとても似通ってい」ると述べています（[29]）。

そして、父母の離婚の影響を受けた子どもの言葉は、以下のようなものであると説明しています。

・「父母のケンカを見なくてすむので離婚して良かった」……父母の離婚それ自体よりも、むしろ父母の衝突にこころを痛める。
・「父母の離婚は恥ずかしい」……父母が離婚することは、多くの場合、隠さなければならない恥という感覚を子どもに抱かせる。
・「離婚するぐらいなら、産んでほしくなかった」……子どもは父母の離婚（不仲）によって自分の存在意義を根底から問われることになる。
・「自分のせいで離婚したと思ってしまう」……自分のせいではないとわかっていても、「自分のせいで父母が離婚した」という考えに無意識のうちに囚われてしまう子どもがたくさんいる。
・「別居親の悪口は聞きたくない」……子どもは同居親から別居親の悪口を聞かされることにうんざりしている。その悪口は別居親に向けられた言葉としてだけでなく、自分を否定する言葉としても経験される。
・「自分のことを（別居親が）どう思っているか知りたい」……別居親から連絡がないことについて不満を述べながら、いったい自分のことをどう思っているのかを知りたいと切実に訴える言葉もよく聞く。

・「別居親と会えないのはさびしい」……同居親には面と向かって言えない気持ちとして、別居親と会えないことがほんとうにさびしいと感じている。

離婚の影響をまともに受ける“兵士”の声を、調停委員も知っておくことが大事です。

(4) 子どもが関係する事件の難しさ

今、子の監護に関する処分事件（監護者の指定、面会交流、子の引渡し）が増加しています。そして、これらの事件は解決が難しい事件とされています。では、なぜ子どもが関係する事件の解決は難しいのでしょうか。

伊藤直文大正大学教授は、子どもが関係する事件が難しい理由を二つ挙げています。一つは、紛争解決の要請です。そこには生活背景や夫婦・家族の歴史等が関係してくるうえ、そこにおける親の「ほんとうの意向がどこにあるのか」がわかりづらいといいます。

もう一つは、子どもの福祉の要請です。そこでは現状だけでは済まず、将来を見据えた「展望的な判断」が求められるといいます。そして、この「展望的な判断」というのが、実は非常に難しいといいます（[24]）。

子どもが関係する事件では「子の福祉」や「子の最善の利益」が叫ばれていますが、そこでは現状の把握や理解だけでなく、子どもの将来に向けての「展望的な判断」――つまり、予測や推測や見通しといったものが必要になります。

そして、この「展望的な判断」を行うには、当事者から事情や意向を聞くだけでは不十分で、「この子にとって幸福は何か」、「子どもには何が必要か」、「それはどうしたら実現できるか」といった子の福祉や幸福に向けての本質的問題を、不確定な状況の中から考えることが必要になります。そのため、「展望的な判断」というのは非常に難しいのです。

7　当事者の「主張」の理解

(1)　価値主張

当事者の主張の多くは、「価値主張」といわれるものです。価値主張とは、「ある行為や状態の善し悪しについての主張」で、「〜は善い（悪い）」、「〜すべきだ」、「〜してはならない」といった内容のものです。

夫婦関係調整（離婚）事件では、「生活費をくれない」、「暴力を振るう」、「異性関係がある」等、配偶者に対する不平や不満がたくさん出されてきます。

その根底には、「生活費を渡すべきだ」、「暴力はやめてもらいたい」、「不倫を解消してほしい」といった価値主張が含まれています。そして、このような価値主張には、以下のような特徴があるとされています（[9]）。

① 「価値主張」の問題には正解がないこと

　ここでは、与えられた条件下で「少しでもましな答え」を出すこと。

② 価値主張に共通するのは、何らかの価値基準（倫理的な善さ、かっこ良さ、美しさ等）に照らして判断を下していること

　そこでは、価値基準がものごとの善し悪しを測るものさしとして働く。

③ 価値主張においては、その基準が肯定的態度や否定的態度と深く結びついていること

　「善い」とか「べき」という言葉を使う価値主張は、その対象に対する肯定的態度を、「悪い」「べからず」等は否定的態度を示す表現である。

当事者の主張にはこのような価値主張が含まれていますから、調停委員としてはその主張の中味を考えながら話を聞いていく必要があります。

つまり、当事者が価値主張をしてきたような場合、「その基準は何か」、「その基準ははたして妥当か」といったことを考えながら、話を聞いていくことが必要になります。

⑵　当事者の見せる「感情」

調停の場で、当事者はさまざまな「感情」を見せてきます。当事者の見せる感情については、それは家事事件のもつ非合理性の表れの一つであり、紛争に“付随するもの”と一般に見られています。

そのため、家事調停の書籍や調停委員の手引書には、感情を取り上げたり、感情について詳しく述べているものはほとんどありません（[30]）。

しかし、ハーバード・ネゴーシエーション・プロジェクトでは、難しい話合いとは本質的に感情をめぐるもので、感情は「副産物ではなく、対立関係の主要な一部」と説明しています（[31]）。

また、ハーバード流交渉術でも、「子供をもつ夫婦にとって、離婚とは強い感情と難しい問題が入り混じったもの」と説明しているほか（[20]）、相手側のネガティブな感情は、交渉を協調的に進める際の障害の一つであると説明しています（[18]）。

ここでは、紛争を理解するうえでもまた紛争の解決を考えるうえでも、当事者の「感情」が重要になることが述べられています。では、「感情」とはいったいどういうものでしょうか。

⑶　「感情」の受け止め

感情心理学によると、「感情は個人の欲求状態を反映するもの」とされ、「欲求を満足させる出来事に出合うと、快や満足感などの正の感情を経験」し、「反対に、欲求を妨害するような出来事に出合うと、怒り、不安、失望といった負の感情を経験する」といいます。

また、人は「自分の欲求状態を積極的に人に伝えるために、感情表現を行うことがあ」るが、「これは、他者に対して自己の欲求に関する情報を伝えるだけでなく、その欲求を充足させるように他者に働きかける目的をもっている」と説明されています（[32]）。

夫婦関係調整（離婚）事件に見るように、当事者は結婚生活を送る中で、配偶者との間で摩擦や衝突を繰り返し、さまざま感情を抱きます。

そこでは配偶者に対する怒りや憤り、失望や嘆き等のマイナス感情だけでなく、結婚したことに対する後悔や自己嫌悪、また将来への不安等、自分自身に対しても複雑な感情を抱きます。

このことを考えると、当事者およびケースをよく理解するとは、紛争の経緯（事実）にばかり目を向けるのではなく、そこにおける当事者の「感情」にも注目し、感情を受け止めることが大切であるとわかります。

もし、調停委員が当事者の「感情」を受け止めてあげないと、当事者は「この調停委員は話を聞いてくれない」、「わかってくれない」といった不満を覚えるだけでなく、調停そのものに対する期待も、紛争解決への意欲も、削がれてしまうことになりかねません。

ところで、伊藤直文大正大学教授は、家事調停が扱っているのは「主張の背後の『人間関係』であり、とりわけ『感情』を扱う」と説明しています（[24]）。

家事事件の書籍や調停委員の手引書には書かれていませんが、調停委員が向き合っているのは紛争という事実ではなく、その背後にある「人間関係」であり、そこにおける当事者の「感情」なのです。

(4)「思い」を引き出す

当事者の「感情」を深く理解するには、当事者の「思い」を引き出すことが大切になります。ソーシャルワークにおいては、当事者の感情を掘り下げ感情表現を促す対応や、何を求めているのか、どうしたら手に入るのか等を探すことが重要とされ、当事者の「思い」を引き出すには、以下のような語り掛けが有効とされています（[33]）。

① 当事者の感情に配慮する

「どのように思われますか？」

「感じたことを話してみてください」

②　当事者の決意を引き出す

「どのようなことをしたいですか？」

「何をしようとしているのですか？」

「どうしようと思っていますか？」

③　選択肢や目標を導き出す

「この状況で何を望みますか？」

「何を選びますか？」

「何をやり遂げたいですか？」

「状況がどう変わったらいいと思いますか？」

「あなたが選択したことの結果はどうなるでしょうか？」

第3節　家事調停委員の基本姿勢

1　基本的姿勢

(1)　援助の基本的姿勢

調停委員の役割は、当事者間の対話を促進し紛争の解決を図ることです。そこでは問題解決の主役は当事者で、調停委員は当事者を側面から支えていくことになります。では、「人を援助する」とはどういうことでしょうか。

「援助の動機」に関する研究によると、「人は苦境にある人を認識したとき、共感的な感情をも」ち、「この共感的感情によって、被援助者の必要としているものを満たそうという動機が起こり、これが援助活動につながる」とされています。

そこでは、①相手の苦境を認識する → ②共感的感情が湧き起こるという流れがあって、初めて人は援助活動に至るのだといいます（[34]）。

そして、ソーシャルワークにおいては、援助の専門家に求められる基本的姿勢として次頁〈図表11〉があげられています（[34]）。

この中の「役割の二重性の気づき」とは、たとえば病院において、援助職者であると同時に病院の管理職であるような場合をいい、これは調停委員には関係ありません。

また、援助の基本姿勢としては、援助者（ワーカー）と利用者（クライエント）は対等であること、徹底した人間尊重、人間に対するあたたかい関心と冷静な判断力・責任感、クライエントに対する信頼等が挙げられています（[35]）。

〈図表11〉　援助の専門家に要請される基本的姿勢

	基本的姿勢	具体的内容
1	援助者の価値観をクライエントに押し付けない。	価値観とは、われわれが大切だと思っていること、好み、尊重など。
2	倫理感を守る。	クライエントの福利の優先、秘密保持の原則、役割の二重性の気づき、クライエントの権利尊重、適切な機関への紹介。
3	情緒的客観性を保つ。	クライエントに近づき過ぎない、あるいは距離をとり過ぎないなど、専門家としての適切な距離を保つ。

これらは調停委員の基本姿勢にも通じます。つまり、①調停委員と当事者とは対等であること、②徹底した当事者尊重の姿勢、③当事者に対するあたたかい関心と冷静な判断力・責任感、④当事者に対する信頼等です。

⑵　効果的な対人援助に必要となる要素

対人援助において援助のプロとして仕事をしていくには、以下のようなものが求められるといいます（[34]）。

①　知的能力（その問題について考えることができる力のこと）

②　エネルギー（人の問題や苦しみと向き合ったり、情緒的疲労に耐えることができるエネルギー）

③　融通性（相手に合わせた適切な応答や援助の方法を見つけ出す融通性）

④　サポート力（クライエントをサポートする力。「この人は信頼できる、頼りにできる」と感じ、あなたの援助に「希望が見出せる」と思えるようなサポートの提供）

⑤　善意（真にクライエントのためを思い、援助の仕事をしたいという気持ち）

⑥　自己覚知（自分自身をより客観的に見つめることができる力）

調停委員の職務は、高い集中力と自分の能力をフルに活動させないとできない仕事です。また、当事者の悩みやつらさ等を聞いていくことは、一般に「感情労働」といわれているものです。

そのため調停が終ると、調停委員はぐったりと疲れを感じることになります。そこで調停委員としては、オンとオフの切替えを上手に行い、消費したエネルギーの補充や回復を図ることが必要になります。

⑶　当事者に対する援助効果

ソーシャルワークにおいては、クライエントとソーシャルワーカーとの関係を強めるソーシャルワーカー側の要素としては、①共感、②あたたかみ、③誠実さの三つがあげられています（[７]）。

① 共感とは、クライエントの立場になって、その人の立場であったらどのように感じるだろうと想像することで、そのためには、ソーシャルワーカーは自分の価値や態度や判断を抑え、クライエントの人生経験、信念、考えなどを深く理解する必要がある。

② あたたかみとは、クライエントの人格を尊重し、ありのままに受け止め、幸せをこころから気にかける気持ち等を相手に伝えることのできる個人のもつ質の高い性質。

③ 誠実さとは、表面的な感情と、心の奥底で感じている感情が一致していることを指し、率直さとされることもある。ソーシャルワーカーが、こころの底では違う感情を抱いているのに、表層的な上っ面な感情表現をした場合、クライエントに見抜かれるもので、ソーシャルワーカーには良い意味での誠実さと率直さが必要となる。

これら三つの要素は、当事者と向き合う調停委員においても大切になると思われます。

2　基本的姿勢の背景にあるもの

⑴　自己覚知

先に、効果的な対人援助に必要となる要素の一つに、「自己覚知」があると説明しました。「自己覚知」は調停委員においても重要なものです。

自己覚知（self-awareness）とは、「援助者が自己の価値観や感情などについて理解しておくこと」で、「援助職に共通して求められる」ものとされています。

なぜなら、「人は誰かに関わる際に、自己の価値観などを基準にしてその人を見ることが多」いが、「援助者がクライエントに関わる際に、自らの価値観や偏見、先入観を基準にしたままでは、クライエントを正しく理解できないばかりか、信頼関係の構築の妨げにもなりかねないため」です（[36]）。

そこで、自分の「欠点、長所、個性などを含めて、自分をいろいろな角度から知ること」、「自分を他面的に知る」ことが必要となるのです（[37]）。

この自己覚知により、当事者の話を自分の価値観で勝手に判断したり、自分の価値観を当事者に押しつけたりすることがなくなり、当事者の話を客観的に受け止めることができるようになるとされています。

また、クリティカルシンキング（良質思考）においては、自分の価値基準に沿った一貫した行動や目標追及のための効率的な行動をとるには、「自分自身を客観的に見ることがどうしても必要」で、「われわれは何よりもまず、『自らを知る』ことが大事」だが、「それは実際には容易なことではない」と説明しています（[38]）。

では、どうすれば自己覚知できるのでしょうか。私は福祉専門学校でソーシャルワークを学びましたが、授業の中で自己覚知の一つの方法として、「自分のコミュニケーションの癖」を知ることの重要性を教えられました。

その方法とは、家族等周囲の人間に「自分のコミュニケーションの癖は何だと思う？」と尋ね、「自分のコミュニケーションの癖を人から教えてもらう」という方法でした。

福祉専門学校で出された授業の宿題で、私が「自分のコミュニケーションの癖」について家族に尋ねたところ、家族は以下のように答えてくれました。

「何を言っているのかわからない」、「最後まで話を聞かない」、「聞いているようで、話を聞いていない」、「返事をしない」、「何を考えているかわからない」、「声が小さくて聞こえない」、「相手の気持ちを考えない」、「勝手に話題を変える」。

これらの指摘は私にとっては思いもよらないものが多く、かなりショックを受けました。しかし、中には自分でも「そうだな」と思える指摘がいくつもありました。

私は各地の調停委員研修会でもこの自己覚知の説明を行い、「自分のコミュニケーションの癖を家族に聞いてみてください」と宿題を出しています。

そうしたところ、実際に取り組んだ相模原調停協会のある調停委員の方は、「自分の興味のないことは聞き流す傾向がある。相手によって対応が変わることはない。激することはほとんどないと家族に言われた」とうれしそうに報告してくれました。

また、広島で講演した際には、ある調停委員の方からは、「『私のコミュニケーションの癖』を家族に聞いたことがとてもよかったです。マイナスのことをたくさん指摘されました。あらためて自分のコミュニケーションを振り返り、今後の自分の生き方（生活）と調停に活かすことができます」と聞かされました。

それでは、周囲の人間が指摘する「自分のコミュニケーションの癖」についてはどう受け止めたらよいのでしょうか。

福祉専門学校の授業では、「自分のコミュニケーションの癖」とは「実際には自分が他人とかかわる際のスタンス（立ち位置）」と教えられました。

つまり、「他者との人間関係のもち方」が、この「コミュニケーションの癖」に現れているというのです。

⑵　バイスティックの七原則

ケースワークの父Ｆ・Ｐ・バイスティックは、心理・社会的問題を抱えるクライエントが共通にもつ人間としての七つのニーズに対応した、援助関係を構成するための要素を導き出しました。

それが、バイスティックの七原則（ソーシャルワークの原則）です。それは以下のようなものです（[39]）。

原則１　クライエントを個人としてとらえる（個別化）

人は誰でも、自分は他のクライエントとは異なる存在であると意識している。この意識は、人が援助を求めるとき特に強くなる。

原則２　クライエントの感情表現を大切にする（意図的な感情の表出）

感情表現を大切にするとは、クライエントがとりわけ否定的感情を自由に表現したいというニードをもっているときちんと認識することで、ワーカーは彼らの感情表現を妨げたり、非難せずに、援助という目的を持って耳を傾けること。

原則３　援助者は自分の感情を自覚して吟味する（統制された情緒的関与）

これはクライエントの感情に対する感受性をもち、クライエントの感情を観察理解し、援助という目的を意識しながら、クライエントの感情に適切なかたちで反応すること。そのためには、まず自分自身のニーズや感情がもっている傾向を自覚しておく必要がある。

原則４　受け止める（受容）

クライエントの尊厳と価値を尊重しながら、その健康さと弱さ、可能性と限界、好感をもてる態度ともてない態度、肯定的感情と否定的感情、建設的な態度・行動と破壊的な態度・行動等を含め、ありのままのすがたで感知し、クライエントの全体にかかわること。

原則５　クライエントを一方的に非難しない（非審判的態度）

援助を求めるクライエントは、さまざまな感情を伴った苦痛を味わっている。その苦痛の一つは、非難されるのではないかという恐れであり、クライエントが非難・問責されると恐れているかぎり、こころを開いて安心して自由に自分自身を表現しない。

原則６　クライエントの自己決定を促して尊重する（クライエントの自己決定）

人は自己決定を行う生まれながらの能力を備えている。それゆえ、ケースワーカーはクライエントが自ら選択し決定する自由と権利、ニードを具体的に認識すること。

原則７　秘密を保持して信頼感を醸成する（秘密保持）

この原則は、クライエントが専門的援助関係のなかで打ち明ける秘密の情報をきちんと保全することで、そのような秘密保持は、クライエントの基本的権利に基づく。秘密を打ち明けられた人が打ち明けた人の意志に反してそれを暴露すれば、その行為は窃盗と同じで正義を侵す行為である。

バイスティックの七原則は、ソーシャルワーカーにとり不可欠の原則です。それは古典的な原則ともいえますが、現在でも通用する原則であると私は思っています。

調停委員が向き合う当事者は、人格も、抱えている問題も、それぞれ皆違っています。そこでは紛争については類型化できても、当事者については類型化することができません。

したがって、一人ひとり違う当事者に適切に向き合っていくには、この七原則を理解し、調停活動に活かしていくことが大切になります。

(3)　ボランティアへの参加動機

調停委員の特徴の一つは、民間人としてのボランティア性にあると先に述べました。実際、調停委員は一般にボランティアと見られています。では、ボランティアに参加する人には何か特徴があるのでしょうか。

桜井政成立命館大学教授によると、ボランティア活動への参加動機については、人それぞれに利己的・利他的どちらの思いも併せもつ「複数動機」の考え方が一般的で、そこでは七タイプに類型化ができるといいます。その七タイプとは、次のようなものです（[40]）。

① 自分探し（時間的余裕と自信のなさといったネガティブな意識が結びついた動機）

② 利他心（他者への貢献意識による利他的な動機）

③ 理念の実現（ボランティア活動を通じて個人的な理念の実現を目指す動機）

④ 自己成長と技術習得・発揮（自分の知識や技術を生かしたいという動機）

⑤ レクリエーション（友だちづくりや活動自体を楽しむことを望む動機）

⑥ 社会適応（人から誘われたり、勧められたりして参加する動機）

⑦ テーマや対象への共感（理念的な思いが強い参加）

そして、人がボランティアに参加する場合、この中の一つの動機だけで参加するのではなく、濃淡入り交じった複数の動機が合わさって人はボランティアをすること、また年齢別に分析すると、若い人ほど利己的な動機（自分探し、自己成長と技術習得・発揮、レクリエーションの動機）が強く見られる一方で、年齢の高い層では利他的な動機（利他心、理念の実現、社会適応）が特徴的といいます。

さらに、ボランティア活動が継続するかどうかは参加動機とも関係するが、それだけではなく、高齢層（60歳以上）においては培ってきた技術や能力を活かし役に立っていると実感できる活動が重要であること、また活動への熱中は、活動自体への満足感や活動する組織への一体感（組織アイデンティティ）と深く結びついているといいます。

調停委員の方々の「調停委員を志望した理由」はさまざまと思われますが、年齢の高い層が比較的多い現状を考えると、「社会人として培ってきた知識や経験を役立てたい」、「社会に恩返ししたい」といった動機が比較的多いのではないでしょうか。

この説明を聞いた山口のある女性調停委員は、「当事者の心理を掘り下げる研修等はよくありますが、ボランティア（調停委員）側の心理や内面に焦点を当てるのは初めてで、とても興味深く感じました」と感想を語ってくれました。

3　当事者と向き合うための基本姿勢

(1)「二つの不安」の理解

調停で、当事者は「二つの不安」を抱えています。一つは、直面している問題そのものに対する不安です。「抱えている問題がこれからどうなっていくのか」、「自分や家族は今後どうなるのか」といった問題そのものに対する不安です。

もう一つは、「担当者はどんな人か」、「きちんと話を聴いてくれるか」、「非難されたり、馬鹿にされたりはしないか」といった自分の問題を扱う調停委員に対する不安です。

当事者にとって調停委員は、人生で初めて出会う場合がほとんどです。そこで、当事者としては未知の調停委員に対して期待と不安の入り混じった気持ちをもちます。

調停活動を行う際にもっとも重要になるのは、当事者と調停委員との人間関係です。当事者に信頼されなければ、調停委員は調停活動をスムーズに進めることができません。

そこで調停委員の最初の仕事は、当事者のこの二つの不安を受け止め、それを緩和して信頼関係を築いていくことです。

当事者の緊張や不安を和らげ、話しやすい雰囲気にして、「ここで話しても大丈夫ですよ」という安心感を当事者にもたせていくことが何よりも重要になります。

(2) 向き合い方の基本

向き合い方の基本は、当事者の「わだかまり」や「思い」に耳を傾けるということです。なぜなら、家事紛争の中心テーマは「日常生活におけるいら立ち」が主だからです（[１]）。

当事者はわだかまりが強ければ強いほど、不平・不満や否定的な言葉をたくさん述べてきます。そこでは、当事者の語るストーリーを理解し、感情表現を受け止めることが大切です。当事者の語るストーリーや感情表現は、当事者のもつ「思い」です。

向き合い方の二つめは、当事者を「評価・否定しない」ことです。ケースワークの父Ｆ・Ｐ・バイスティックは、「非審判的態度は援助関係を形成する上で大切な要素」と言っています。

また、廣田尚久弁護士は、「善悪、正邪等の評価的言葉は避ける必要があ」り、「そのような言葉を受け取った相手方は非難されたと思って和解には乗ってこない」と述べています（[41]）。ですから、当事者を評価したり、否定するような言動は慎むことが大切です。

(3) 当事者主体

家事調停にはなかなか理想どおりにいかない事柄があります。当事者主体はその一つといえます。

レビン小林久子九州大学元教授は、自主交渉援助型調停における調停人の役割について、「当事者が自主的な話合いを進めることができるように、そのプロセスを管理すること」とし、「対立する人の間に立って、その対立を和らげ、話合いの促進を図ること。主役は当事者同士、調停者はその補佐役に過ぎない」と言っています（[42]）。

それを受け、私は自主交渉援助型調停をモデルにして家事調停の当事者主体を考えたことがありました。

しかし、調停制度や調停手続が確立されており、しかも裁判官が関与する家事調停においては、「自主交渉援助型調停のような当事者主体は難しい」と次第に考えるようになりました。では、家事調停の当事者主体はどのように考えればよいのでしょうか。

ここでもソーシャルワークの考え方が参考になります。ソーシャルワークにおいては、生活の主体は本人であり家族であり、問題を一番よく知っているのも、また、問題に取り組んでいるのも本人や家族です。ですから、その本人や家族を“置き去り”にするような解決の仕方は問題がある、とされています。

ソーシャルワークでは、利用者は援助者のもっている知識や技術を借りて自らの問題を解決していく主体となること、援助者は専門職としての自らの持っている知識や技術を利用者のために活用し、利用者が問題解決の主体になるように支援すること、両者がこの役割を遂行することにより、利用者と援助者の協働作業としての問題解決行為が成立するとされています（[43]）。

家事調停の当事者主体も、基本的にはこれと同じと考えられます。そこでは、当事者は調停委員のもっている知識や技術を借りて自らの問題解決の主体となること、一方、調停委員は自らの知識や技術を当事者のために提供し、当事者が問題解決の主体となるように支援していくことになります。

そこでは、調停委員が生活の主体・主役である当事者を“置き去りにしない”ことが何よりも重要になります。

当事者を“置き去りにする”とは、たとえば調停回数を気に掛け、早々に調停を切り上げてしまったり、調停時間を気にして当事者から十分に事情聴取をしなかったり、判断をしかねている当事者に対して決断を迫ったり、当事者の個別事情はあまり考慮せず、「法律ではこうなっている」といって面会交流の実施を強く求める、といったようなことです。

当事者を“置き去りにする”とは、要するに調停委員の意識や考えが当事者以外のところにあることをいいます。

4　向き合う際の留意点

⑴　当事者を「見下さない」、「自尊心を傷つけない」

これは私の経験ですが、家事調停に慣れてくると、「当事者は自分で自分の問題を解決できない人」と思ってしまったりしました。

人は「バカにされた」と感じたときに、猛烈に反発したり、クレームをつけてきます（[44]）。ですから、当事者を見下すような言動や自尊心を傷つけるような言葉は、絶対に吐いてはいけません。

⑵　「丁寧な言葉遣い」をこころ掛ける

当事者には丁寧な言葉遣いが基本です。調停の当事者は、調停委員に初めて会う方がほとんどです。そうであればこそ、なおさら当事者には丁寧な言葉遣いをこころ掛けるべきです。

丁寧な言葉遣いは、医療面接においても同じとされています。医療においては、医師と患者は対等な人間関係とされ、丁寧な言葉遣いは「私とあなたとは対等です」というメタ・メッセージを伝えることになるとされています（[45]）。

実際、調停委員の中には、当事者に対して丁寧な言葉遣いをしている方もおられます。徳川好子元水戸家庭裁判所調停委員は、「調停委員となってこころ掛けたことがある」として、以下のような姿勢で調停に臨んでいたといいます（[46]）。

○当事者を立てること。

・話しかけるときは、いつも当事者の目を見ながら話したり聞いたりする。

・当事者を見下すようにならないよう、少し目の位置を下げる。

・言葉遣いは、当事者が使う話し方よりも少し丁寧な言葉遣いをするよう、少なくとも絶対に同等以下にはしない。

・椅子にもたれないで、体を少し前に倒すようにして話す。

このような姿勢で接すると、当事者は調停委員に対してそのこころ遣いと優しさを感じるように思います。

⑶「余計な一言」を発しない

「余計な一言」とは、「言わなければよかった」と後悔するような言葉です。それは当事者を傷つけ、当事者から強く反発されます。

調停においては、調停委員が自分では余計なことを言ったつもりがないのに、当事者からは問題発言と見られてしまう場合があります。ある女性調停委員から聞いた話です。

それは面会交流事件で、当事者間では面会交流について考えは一致していました。その話の流れの中で、「子どもの状態によっては面会交流ができない場合もあること」を説明しようとして、女性調停委員が「子どもが『会いたくない』と言うことがあるかもしれませんね」と言ったところ、申立人（父親）は激怒し、「子どもがそんなこと言うはずねえだろう」と怒り出したというのです。

父親のデリケートな気持ちを、この言葉は刺激してしまったようです。このような事態は予測不能なので、とにかく「軽はずみな発言は慎むこと」としか言いようがありません。

ただ、この場合、申立人（父親）が本当に調停委員の言葉に反発して激怒したのか否かはよくわかりません。なぜなら、「90対10の法則」というのがあるからです。

「90対10の法則」とは、たとえばある人が何かを言われて怒り出した場合、10％がその人が言われた言葉の影響によるものであり、残りの90％はそれとは無関係の事柄が原因であるとする法則です。

私は「90対10の法則」を鈴木秀子聖心女子大学名誉教授の書籍（『愛と癒しコニュニオン』（1999））で知り、鈴木先生にその出典を問合わせたことがありました。

そうしたところ、鈴木先生から丁寧なお返事をいただきました。それによると、鈴木先生が心理学の勉強のためアメリカ・スタンフォード大学に留学していた際、「出典はわからないが、学内ではそのことがしきりに言われていた」とのことでした。

先の面会交流のケースでいえば、父親が激怒した理由は、女性調停委員の言葉が影響した割合が10％で、残りの90％はそれとは無関係の事柄――たとえば、仕事がうまくいっていなかった、当日機嫌が悪かった、その調停に対して以前からイライラしていた、女性調停委員が妻に似ていておもしろくなかった等、が要因ということになります。

ですから、当事者が調停委員に食ってかかってきたような場合、その原因は100％調停委員側にあると考える必要はなく、「おそらく真の原因は他のところにある」と考えてもよさそうです。

⑷ 「話し言葉」の怖さ

調停の話合いは、話し言葉（口言葉）が中心です。そして、この話し言葉（口言葉）には、二つの原則があるといいます（[47]）。

一つは、話し言葉（口言葉）は言い直しがきかないということ。もう一つは、話し言葉（口言葉）は「即興のうちに発せられるので、あっちこっちに飛び火」し、そこには相手がいるので「状況に乗せられて大言壮語したり、状況に追い詰められて仕方なく嘘をついたり」、あるいは相手に干渉されて、ついには「自分を抑えられなくなってしま」うことです。

人はヒートアップすると、冷静な時には考えられないような言葉を発してしまいがちです。ですから、「熱くなりそう」と感じたときには、言葉遣いに注意する必要があります。

⑸ 「余計な一言」は直ちにリカバリーする

もし、「余計な一言」を発してしまった場合には、「リカバリーの技術」を使って直ちに釈明するようにします。

リカバリーの技術とは、「言葉の選び方を間違えてしまって申し訳ありません」、「言葉足らずで表現の仕方を間違えてしまいました」と言って、本意ではないことを素早く伝えて謝ることです（[48]）。

私もこの方法でトラブルをリカバリーした経験があります。それは社会福祉士になってからの宿泊研修の際、懇親会の席である社会福祉士と意見が合わず口論になってしまいました。

気まずい思いのまま夜を過ごしましたが、翌朝お風呂に行ったところその社会福祉士も風呂に入っていたので、私は早速この「リカバリーの技術」を使って釈明したところ、その方は不満気な表情は見せましたが何も言ってきませんでした。

そして、私は釈明の言葉を述べたことで、胸のつかえが下りました。そのこともあって、私自身の体験からもこの「リカバリーの技術」は有効であると考えています。

5　司法サービスの提供

ここでは司法サービスとしての家事調停について少し詳しく説明します。

(1) サービスの特性

サービスとは「人の活動を提供すること」と先に説明しました。そこで、まず最初に、サービスの特徴について少し見てみることにします。そうすると、サービスには以下のような特性があるとされています（[49]［50］）。

① 無形性

多くのサービスは人の活動で物質的実体を有しないため、人は五感を用いてあらかじめ品質を確かめることが困難で、多くの場合実際に使ってみるまで品質はわからない。

② 生産と消費の不可分性（同時性）

多くのサービスは生産と消費が不可分に進行する。特定の時間に特定の場所で生産し消費される。また、いったん提供されたサービスはやり直しがきかないうえ、顧客がその場にいるため、間違いや欠点を顧客の目から逸らすことができない。

③ 顧客との共同生産

サービスでは顧客がサービス活動に参加し、提供者と共同してつくる。

④ 顧客の異質性と提供者の異質性

サービスに対する品質への期待は顧客一人ひとりで違い、同一のサービスの品質がそれぞれの顧客にとって異なるものとなる。また、サービスの品質は、提供する人によって影響される度合いが高くなる。

⑤ 結果と過程の重要性

サービスの本質が活動であるため、結果が出るまで顧客はその活動を体験する。顧客は結果と過程の両方を経験し、その両方ともが顧客にとっては重要になる。

これらのサービスの特性は、司法サービスである家事調停にも当てはまることになります（[6]）。

(2) プロフェッショナル・ヒューマンサービス

サービスの中には、運輸サービス（例;鉄道事業)、金融サービス（例;銀行)、娯楽サービス（例；映画館）等さまざまなサービスがあります。

その中でも、人が人に対して対面的に提供するサ―ビスは「ヒューマンサービス」と呼ばれ、また、医療、福祉、教育等人間存在に深くかかわり、専門職によって提供されるサービスは「プロフェッショナル・ヒューマンサービス」と呼ばれています（〈図表12〉)（[51])。

〈図表12〉 プロフェッショナル・ヒューマンサービスの位置づけ

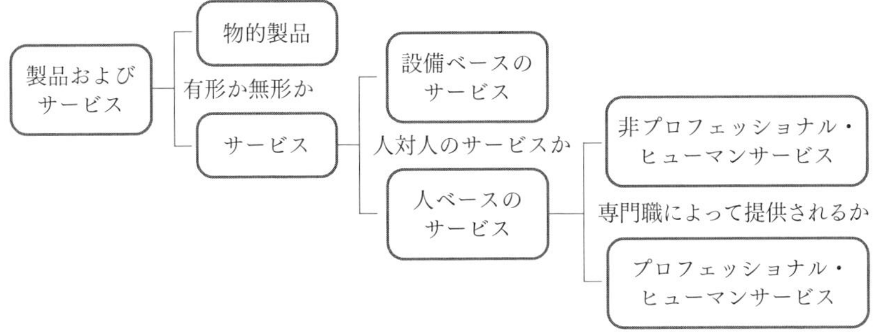

島津望『医療の質と患者満足――サービス・マーケティング・アプローチ――』（千倉書房、2005、24頁）より引用；一部改変

家事調停においては、裁判官をはじめ専門職調停委員や家事紛争に有用な知識・経験を有する調停委員が数多く携わっています。したがって、家事調停は「プロフェッショナル・ヒューマンサービス」に含まれると思います。

そして、当事者が家事調停の申立てを考えた場合、そこには司法サービスへの期待――つまり、プロフェッショナル・ヒューマンサービスへの期待があるのではないでしょうか。

⑶　サービス提供者の役割

調停委員は、家事調停という司法サービスの提供者です。では、サービス提供者には一般にどのような役割が求められるのでしょうか。

サービス・マネジメントの視点からみると、質の高いサービス提供者（＝サービスの達人）には以下のような役割があるとされています（[49]）。

①　カウンセラー・情報収集者

顧客の真のニーズを読み取り、顧客の発するさまざまな情報を集め、顧客のニーズを明確化する。

②　コンサルタント・情報提供者

顧客の真のニーズの把握後、サービス提供者としてどんなサービスが提供できるかを要領よく的確に説明する。

③　ミーディエーター・仲介者

顧客が規則・ルールからの逸脱や特別な注文をしてきた場合には、その要求には応じられない理由を真摯な態度と表現能力で説得する。

④　プロデューサー・演出者

顧客にできるだけ満足してもらえるようプロセス全体を眺め、変化を判断する。

⑤アクター・演技者

①～④は演技者としての役割に集約され、この役割を果たすことが過程と結果の両面で高品質のサービスの提供につながる。

そして、サービス提供者がこれらの役割を果たしていくには、以下の能力が欠かせないといいます（[49]）。

㋐　その職務に関連する知識・技能

㋑　顧客の立場に立てる共感性と感受性、人間理解力

㋒　表現能力（言葉による伝達能力と身体を使ったノン・バーバルな表現能力）

調停委員は、調停活動（司法サービス）における“主要な担い手”です。

そうすると、調停委員にもこれらの役割と能力が同じように求められるのではないでしょうか。

(4) 司法サービスへの理解

私は各地の調停委員研修会で、「調停は司法サービスである」、「調停委員は司法サービスの提供者です」とお話をしています。

それに対して調停委員の皆様からは、たとえば「『調停はサービスである』、これは我が意を得たりである。調停委員は『上から目線では絶対ダメ』をいつも自分に言い聞かせることが必要」（川越）とか、「調停は司法サービス、調停技術におけるツールは調停委員自身であるということに『なるほど』と納得するとともに、『ツールである自分自身をさらに磨いていかなければ』と身の引き締まる思いになりました」（川越）といった感想が寄せられました。

調停委員には弁護士のほかに、「家事紛争の解決に有用な専門的知識経験を有する者や社会生活の上で豊富な知識経験を有し」「人格識見の高い方」が最高裁判所から任命されます（民事調停委員及び家事調停委員規則、最高裁判所事務総長依命通達「民事調停委員及び家事調停委員の任免等について」）。

そこでは、調停委員への思いが強ければ強いほど、任命された方は自分でも意識しないまま当事者に対し「上から目線」に陥りやすい危険性があるように思います。

そうならないためにも、調停委員は「司法サービスの提供者」と自覚することは大切なことと思います。

(5) 司法サービスの実践

では、実際の調停において、司法サービスの提供はどのようにしていけばよいのでしょうか。ここでは調停委員の初任者を想定し、サービスの特性ごとに司法サービスの提供の仕方を考えてみたいと思います。

まず、特性①（無形性）に関しては、当事者の多くは調停経験がなく、慣れない雰囲気の中でこころ細い気持ちでいます。また、「調停で何が行われるのか」、「話はちゃんと聞いてもらえるのか」といった不安と緊張の中にいます（[52]）。

このような当事者には、その置かれている状況を理解し、丁寧な手続説明を行うことが大切です。そこでは「共感」「あたたかみ」「誠実さ」の姿勢で接し、真摯に調停に取り組む態度を示して、当事者をリラックスさせるように努めることが重要です。そして当事者に対し、「申し立ててよかった」、「丁寧な対応で安心した」といった思いにさせることが大切です。

反対に、簡単な手続説明しかしなかったり、当事者の話を途中でさえぎったり、申立書を見ただけで安易に見通しを口にしたり、挙句の果てには「裁判をしたらどうですか」といったような対応は、当事者を“突き放す”ことになります。

次に、特性②（生産と消費の不可分性）に関しては、調停では当事者と調停委員との一つひとつのやりとりが生産行為であり、消費行為になります。そこでは良好な当事者―調停委員関係の形成が基本で、これが形成されると息の合った話合いができるようになります。

特性③（顧客との共同生産）に関しては、当事者と調停委員がいっしょに対話の促進、および問題解決に向けて協働作業をしていくということです。

そこでは、当事者が調停の進行がわからない場合はその説明を行い、当事者が混乱している場合は問題の整理を手助けし、また、法的な説明が求められた場合にはその説明を行ったりして、対話の促進と紛争解決に向けていっしょに動いていくということです。

特性④（顧客の異質性と提供者の異質性）に関しては、当事者は一人ひとり調停への期待も、ニーズも、要求水準も、解決基準も異なっているということです。一方、調停委員も一人ひとり違っており、そこでは調停についての考え方も、調停の進め方も、調停能力も、目指すものも、皆違っているということです。そのため、チームを組む相方調停委員とは、考え方や調停の運営等に関し常に擦り合わせをすることが必要になります。

ところで、家事調停事件の場合、人事に関する訴訟事件（家事事件手続法277条審判対象事件、離婚・離縁事件）とその他家庭に関する事件（別表第二事件、その余の家庭事件）があります。

そこでケース（事件）に即した調停を行っていくには、調停委員が当事者のニーズや要求を受け止める一方で、ケース（事件）の種類や特徴を理解し、そこで求められる専門的知識や技術を活用して適切な判断をすることが必要になります。

たとえば養育費や婚姻費用分担事件では、「養育費・婚姻費用算定表」がそのまま活用できない場合は、個別的、具体的事情を考慮して判断することが求められます。

特性⑤（結果と過程の重要性）に関しては、調停においては結果だけでなく過程も大事だということです。なぜなら、調停の成立・不成立は過程の延長線上にあるからです。

一方、当事者にとっては、調停の過程や経過に大きな意味がある場合があります。たとえば、長年ひとりで夫婦関係に苦しんできた当事者にとっては、調停でよく話を聴いてもらうことが励みや力になります。

また、DV やモラハラ問題で苦しんでいる当事者にとっては、DV やモラハラに関する説明や相談機関の紹介等が次の一歩につながるかもしれません。

反対に、当事者が希望しない方向に話が進んで行ったり、何度説明しても調停委員にわかってもらえなかったり、あっさりと調停が打ち切られたりしたら、当事者はその調停に納得できない思いを抱くでしょうし、場合によっては「調停の申立てが間違いだった」と、申立てそのものを後悔するかもしれません。

調停に何を求め、何を期待し、どこに満足感を覚えるかは、当事者一人ひとりで異なっています。また、相手当事者もいるため自分の希望や要求が通らず、不満足な結果に終わってしまう場合もあります。

しかし、調停委員が当事者との良好な関係の形成に努め、より良い司法サービスの提供をこころ掛けるのであれば、当事者は結果には不満足であっても、調停の経過にはある程度の納得感を覚えてくれるように思います。

第3章

家事調停の実践技術

第１節　面接に役立つ実践技術

第３章では、紛争解決手続についての専門的な知識・経験（手続専門性）を説明します。まず、面接に役立つ実践技術です。

1　調停技術とツール

(1)「技術」と「調停技術」

調停委員には調停技術が必要です。では、「技術」あるいは「調停技術」とはいったいどのようなものでしょうか。

『類語国語辞典』（角川書店、2014）によると、技術とは「物事を効率よく行う特別のやり方や手段」、あるいは「特定の知識と訓練を要する行動や活動」とされています。

一方、スキル（技術）の本質的要素は、「ある目標を達成するために効果的な一連の選択をし、それを実行する能力」で、それは「さまざまな中から選ばれる合目的的な一連の選択で」、「一連の選択の中には思考、感情、行動が含まれ」、「それを実行できること」とされています（[28]）。

そして、スキルの上達とは、「低いレベルに留まっているスキルを、現在及び将来において望ましいと考えられる方向に変えること」で、「獲得したスキルを維持するには努力が必要で、ただ毎日実践あるのみ」といいます（[28]）。

また、言語学者の金田一春彦氏は、「言語行動を効果的に行うための技術を『言語技術』と呼」び、技術の問うところは「上手か下手かであって、正しいか正しくないかではないから、これでなくてはならぬということはな」く、目的によく適ったものでさえあれば、どんなものでもよく、また「技術には＜個性＞がある」と言っています（[53]）。

これらの説明を踏まえると、「調停技術」とは「調停活動を効果的・効率的に行うための特別のやり方や手段」といえ、しかも、それは「特定の知識と訓練を要する行動や活動」ということになります。

ところで、レビン小林久子九州大学元教授は、調停者の役割は当事者にできるだけ多く話させることだが、「当事者に自由に話させていたら方向づけはできない」ため、「この矛盾を解決するために開発されたのが調停テクニック」で、「調停の技術とは、話合いを『取り仕切らずに』リードする方法」であると説明しています（[42]）。

⑵　技術とツール

技術を考える場合、ツールが重要になります。技術が発揮できるのは、ツールがあるからです。ここでは調停技術の性質について理解するため、大工さんの技術と比較して考えてみたいと思います。

大工さんの仕事は家を建てることです。その技術の一つに「木を正確に切る」という技術が求められますが、その場合技術は〈図表13〉のように示すことができます。

〈図表13〉　大工の技術の図

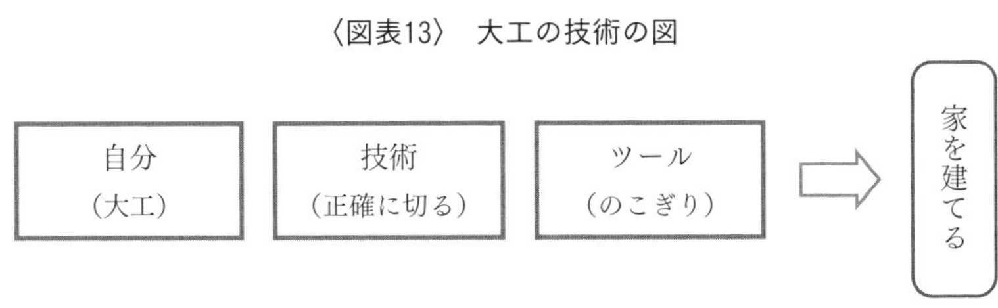

これを見てもわかるように、技術が発揮されるにはツール（のこぎり）が必要になります。技術とツールとは一体になっており、ツールなくして技術

は発揮されません。

では、調停技術においては、ツールはいったい何になるのでしょうか。

⑶　調停技術における「ツール」

調停技術においては、〈図表14〉のように、自分自身の中に技術とツールがいっしょになって入っていることが特徴です。

〈図表14〉　技術とツールの一体化の図

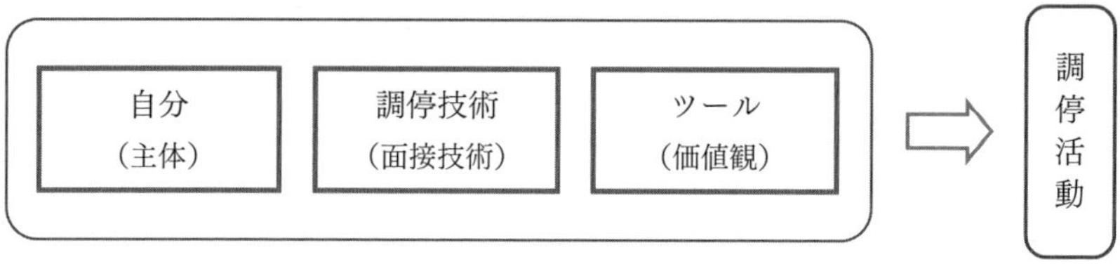

自分（主体）	調停技術（面接技術）	ツール（価値観）	⇨	調停活動

ですから、調停技術においては、ツールは自分自身（価値観・考え方）ということになります。自分自身（価値観・考え方）がツールであり、道具になるのです。そのため、調停技術は調停委員自身（価値観・考え方）と密接不可分な関係になります。

具体例を挙げると、たとえば調停手続に詳しい調停委員の中には、当事者に対して調停手続に関する説明を丁寧に行う方がおられます。

この調停委員にとっては、当事者には「手続に関する詳しい説明が必要」との認識（価値観・考え方）があり、そのため丁寧に説明を行っているのです。

調停技術においては、調停委員自身（価値観・考え方）がツールであるため、調停委員各自の考え方によって調停技術の種類も中味も変わってきます。

したがって、調停技術を磨いていくには、ツールである自分自身（価値観・考え方）も同時に磨いていくことが必要になります。

2　面接におけるコミュニケーション

調停において、当事者とのコミュニケーションはどのようにもてばよいのでしょうか。

(1)　コミュニケーションの基本形

面接におけるコミュニケーションの基本は、〈図表15〉にみるように、①待つ、②聴く、③理解する、④反射する、の四つで成り立っています（[35]）。

〈図表15〉　面接におけるコミュニケーションの基本

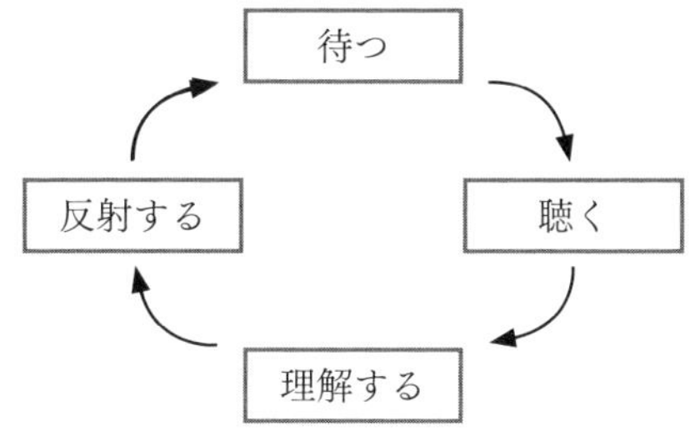

具体的に説明すると、以下のようになります。

① 待つ……クライエントが語り出すのを待つ。語り出すのが困難な場合は、適切な働きかけをして語り出すのを待つ。そうすると、クライエントは思いきって言ってみようという思いになります。

② 聴く……傾聴する。適切な質問や促しを用いて、クライエントがより多くのことを語れるように聴く。そうすると、クライエントは「聴いてくれているな」という思いになります。

③ 理解する……クライエントの語ることを、言語的に理解する、共感的に理解する、真のメッセージを理解する。そうすると、クライエントは「わかってくれているみたいだ」という思いになります。

④　反射する……理解したことを反射して、クライエントに返す。その際、面接における応答技法を用いることが効果的である。そうすると、クライエントは「わかってもらえてよかった。安心した」という思いになります。

調停における当事者と調停委員とのコミュニケーションも、これが基本形になります。

⑵　基本的応答技法

面接においては、基本的応答技法というのがあります。ソーシャルワークにおいては、以下のものが基本的応答技法とされています（[35]）。

①　内容の反射に関するもの
- 単純な反射……クライエントの言葉をそのまま反射する。
- 言い換え……クライエントの言葉をワーカーの言葉で言い換えて反射する。
- 要約……クライエントが語ったことを要約して反射する。
- 明確化……クライエントが語ったことを明確にして示す。

②　感情の反射に関するもの
- 感情の反射……クライエントが語った感情をそのまま反射する。
- 感情の受容……クライエントが語った感情を受け容れて反射する。
- 感情の明確化……クライェントが語った感情を明確にして示す。

③　適切な質問
- 開いた質問……質問に答えることによって多くのことが語れるような質問をする。
- 閉じた質問……はい、いいえ、あるいは答えが一言でいえるような質問をする。
- 状況に即した質問……面接の流れに合致した質問ができる。
- 避けるべき質問の認識……面接の支障となるような避けるべき質問が

認識できる。

④　情緒的な支持

・情緒的な支持の提示……クライエントを支えるメッセージを伝える。クライエントの健康さや強さを認めるメッセージを伝える。

⑤　直接的なメッセージの伝達

・Ｉ（アイ）メッセージ……「私は」で始まる直接的主観的なメッセージを伝える。

メッセージを一般化するのではなく、一人の人間としてのワーカーの思いを直接的に伝える。

ソーシャルワークにおいては、これらの応答技法は面接に限らず大切なものとされ、その理由は“応答そのものが援助の手段”となるためとされています。

3　基本的応答技法の実際

これらの基本的応答技法のうち、「内容の反射」と「感情の反射」は調停実務でも大いに活用できるスキルです。

説明だけでは理解できにくいと思いますので、「内容と反射」と「感情の反射」の具体例を見ていただくことにします。ここで取り上げた例は、私がソーシャルワークの勉強中に出会ったものです。

⑴　「内容の反射」の具体例

内容の反射には、クライエントの言葉の「単純な反射」「言い換え」「要約」「明確化」といった応答技法があります。

それらが実際どのように使われているのか、読み取ってください。

＊Ｃはクライエント、Ｗはソーシャルワーカー

Ｃ：　この間私は母のところに行ったんです。そしたら母は「一人で暮らせるからほっておいて」と言うんです。

Ｗ：　お母さんは「一人で暮らせるからほっておいて」とおっしゃったのですね。（単純な反射）

Ｃ：　ええ、母はほっておいてほしいと……。私にとやかく言われるのが嫌なんです。

Ｗ：　お母さんはあなたに干渉されるのが嫌なのですね。（言い換え）

Ｃ：　そうなのです。干渉されるのが嫌なんです。でも、私は干渉なんてするつもりはありません。私はとにかく心配なのです。母も86歳です。普通だったら絶対一人暮らしはしません。本当は私たち家族と一緒に暮らしてほしいのです。そうすれば、火の始末や戸締り、身体のことなどいつもいつも心配しなくてすむのです。でも、どうしても一人で暮らしたいというもので、どうしようもないので、私がのぞきに行くのです。そうしたら「うるさいわね。何しに来たの？」と言うのです。

Ｗ：　あなたは高齢のお母さんが一人暮らししているのが心配で、一緒に住もうと言ったり、家に見に行ったりされているのに、お母さんはそれを「うるさい」とおっしゃるのですね。（要約）

Ｃ：　そうなんです。だから私といつも言い合いになるのです。私が心配していることが全く分かっていないのです。こんなに心配しているのに、母は全然分かっていないのです。だから私は母のことを考えると平静でいられないのです。なんだか、胃がいたくなってくるのです。

Ｗ：　あなたはお母さんのことが心配で仕方がないのに、お母さんは全く分かってくれない。それであなたは気持ちが落ち着かず、イライラして悩んでおられるのですね。（明確化）

Ｃ：ええ……。

山辺朗子『ワークブック社会福祉援助技術演習②個人とのソーシャルワーク』（ミネルヴァ書房、2003）69頁より引用

(2)「感情の反射」の具体例

「感情の反射」とは、「相手の感情の流れとともに感じ、それを相手に伝えること」です。それは、「相手に自らの感情をより深く捉える機会を与える」と同時に、「相手の話を理解していることを相手にわからせる確かな方法」とされています（[35]）。

＊Ｃはクライエント、Ｗはソーシャルワーカー

Ｃ：　夫が毎日私に暴力を振るうのです。私はつらくて死にたくなってしまいます。

Ｗ：　死にたいぐらいつらいのですね。（単純な感情の反射）

Ｃ：　ええ。つらくてつらくて……。もうどれぐらい続いているでしょうか。もう３年近くになります。ちょっとしたことがきっかけだったのですが……。私は、暴力を受けるのもつらいのですが、夫がそんなふうになってしまったことが、とても悲しいのです。前は、やさしい夫だったのですが……。それに、暴力を振るった後で、謝ってくれることもあるのです。

Ｗ：　あなたは暴力もつらいけれど、ご自分の夫が変わってしまったことも悲しいと思っておられるのですね。その気持ちはよく分かりますよ。（感情の受容）

Ｃ：　そうなんです。でも、こんなこと誰も分ってくれません。でも、誰にも相談できないし……夫のことは誰にも言っていないのです。気づいている人はいるかもしれませんが……。

Ｗ：　私はあなたの気持ちがよく分かります。本当につらくて悲しいですね。それに相談する人もいないし……。（感情の受容）

Ｃ：　私は夫と別れて、新しい生活を始めたいのですが、夫を見捨てて家を出て行くことはどうしてもできないような気持ちなのです。とってもつらいのに、何か家を出ることは悪いことをするような気がするのです。

Ｗ：　あなたは夫と別れて出て行きたい気持ちがあるけれど、そうすると何か悪いことをしているような罪悪感がある、その両方の気持ちがあるから余計につらいのですね。（感情の明確化）

> Ｃ：そうなんです……。

山辺・前掲70頁より引用

ここでは、ソーシャルワーカーがクライエントの話の内容により感情の反射を使い分けているのがわかります。

調停における面接でも、「感情の反射」が有効性を発揮する場面がたくさんあります。そこで、このスキルを身につけておくと、当事者との会話がダイナミックなものになっていきます。

⑶　報酬を与える聞き方

「内容の反射」と「感情の反射」の具体例を紹介しましたが、それではなぜ「反射」が応答技法として重要なのでしょうか。

心理学者Ｒ・ネルソン＝ジョーンズは、「反射は、人間関係の中で用いることができる報酬を与える聞き方のスキル」とし、「これは話し手の言語メッセージ、音声メッセージ、ボディ・メッセージの核心を、鏡のように反射させるスキル」であり、「こうすることによって、話し手は正確に理解されたと感じることができる。」と説明しています（[28]）。

つまり、反射は聞き手のためにあるのではなく、それにより話し手が、自分の話が「聞き手に正確に理解された」と実感することができるものなのです。

4　面接で避けたい応答パターン

面接では、「これは避けたほうがよい」というものがいくつかあります。ソーシャルワークにおいては、クライエントとソーシャルワーカーがより良くコミュニケーションすることを妨げる働きをする表現が、いくつか指摘されています。それが、以下に述べる「面接で避けたい15の応答パターン」です（[34]）。

① 道徳的・説教的な表現をすること

② 時期尚早の助言や提言、解決方法の伝達

③ 説得や理屈の通った議論

・クライエントは何が正しいかは知っていることが多い。

④ 判断、批判、非難

・これらは、クライエントを逆に防衛的姿勢にさせる。

⑤ 分析、診断、劇的な解釈

・クライエントは、これらをしてもらうために来ているのではない。

⑥ 根拠や意味のない「再保証」および「同情」「言い訳」

・これらはクライエントにとって、害はあっても益はない。

⑦ クライエントの問題を軽くみせるような皮肉やユーモアの使用

・これらは援助職者の一人よがり。

⑧ おどし、警告

・これらは、クライエントが援助職者の判断に従うよう強制すること。

⑨ 質問責め（いくつもの質問を同時にすること）

⑩ 誘導尋問（相手がそう答えるように誘導する問いかけ）

⑪ 不適切あるいは過度に話をさえぎること

・クライエントの話を途中でさえぎることは、最悪の対応。

⑫ 会話の独占

・面接でのやりとりの主導権を一方的に握ってしまうこと。

⑬ 社交的な会話を助長すること

・否定的な感情や経験を聞く作業を回避し、安全な話題や社交的な会話に終始すること。

⑭ 受け身的な応答

・ただ「話を聞いている」だけでは、クライエントの置かれている状況や考え・思いなどは理解できない。

⑮　クライエントの話の「おうむ返し」や同じ表現の「繰り返し」など

・自動的な「おうむ返し」や「繰り返し」は、クライエントにとっては耳ざわりなものになる。

これらと似たような話のやりとりは、調停の中にいくらでも出てきます。ところで、心理学者のR・ネルソン＝ジョーンズは、「私が話をしても安全な人間だと思われるためには、数多くある禁止事項を避けなければならない」と述べています（[28]）。

“調停委員は安全な人”と当事者に思ってもらうには、ここに掲げた禁止事項については避けることが賢明です。

第２節　話を聴く

ここからは、調停技術の中心にある「傾聴」について取り上げます。

1 「話を聴く」とは

(1) ある家事調停委員の経験

関岡直樹元水戸家庭裁判所調停委員からお聞きしたお話です。

私は若いとき、小さな工場の総務課長に転勤になりました。そこでブルーカラーのグループ長がする技術発表会があり、参加しました。

設計課長と製造課長に私、工場長を入れても幹部は４人しかいない小さな組織です。前列の中央に座り、３人のグループ長の発表を聞いたのです。

彼らは日ごろは、多数の若者を指導して製品を作っている人たちです。話すのは得手ではありません。技術的な内容ですが、高度な理論説明があるわけではありません。私は新しい職場で興味があり聞いていましたが、内容はほとんどわかりませんでした。

ところが、終了後三人が揃って私の席に来て、「よく聞いてくれた。うれしかった」とお礼に来てくれたのです。素朴な言い方でしたが、本心が滲み出ていました。私は内心面くらいました。「何もわからなかったのだがな」と思ったのです。

後で考えてみると、あのとき私は肯定も否定もせずにただただ聞いていました。他の幹部は皆技術屋さんですから、合否の感情が表情や態度に出やすかったのだと思います。

私は聞くことに徹していた。それが良かったのではないかと思っています。

⑵　少年の話を聴く犬

次の話は、鈴木秀子聖心女子大学名誉教授が、ある神父から聞いた話として紹介しているものです（[54]）。

歳をとったドイツ人の神父さんに、「どうして神父さんになったのですか？」と聞いたことがあった。彼ははるかな遠い故国を眺めているような柔らかいまなざしで、こんな話をしてくれた。

彼はドイツの田舎で生まれた。家は教育関係者を輩出している名門だった。優秀な兄がいた。あまり出来のよくなかった彼は、いつも兄と比較され、「もっとがんばりなさい」といわれていた。

小学校５年の夏休み前、終業式の帰り道、もらったばかりの通信簿を鞄から出し、おそるおそる開いて見ると、落第点がいっぱいついている。そのうえ、親への呼び出し状が同封されている。足取りは重くなり、家に入るのもためらわれた。

その時、かわいがっている犬が飛んできた。喜んでしっぽを振っている犬を見て、少年は家に入らず、近くの野原に向かった。野原の真ん中に座りこむと、犬もそばにきて座り、少年の顔をじっと見あげている。全神経を少年に集中して座っているのだ。

少年は犬を抱きしめながら、ぽつりぽつりと語り始めた。「ぼくはお兄ちゃんみたいに頭もよくないし、どんなにがんばっても勉強ができないんだ。村で有名な家に生まれて、『将来、人のためになるんだぞ』といわれつづけているのに。」

犬は、ひたすら「世の中にこの少年しかいない」という目で見つめている。

「本当につらいんだ。先生に叱られて、『ご両親にこの手紙を渡しなさい』といわれて。お兄ちゃんみたいになりたいんだけど、できないんだ。お父さんもお母さんもわかってくれない。わかってくれるのはお前だけだよね。」

「やってもできないことがどんなにつらいか、わかるよね。一生懸命がんばったのに、お母さんに叱られたり、『もっとやらなきゃ』といわれるんだ。」

犬はじっと聞いている。少年は胸のうちの、ありったけを話しつづけた。そうしているうちに、何か胸がすうっとしてきて、もやもやが晴れてくるの

だ。(中略)

少年は、犬にこころのうちをすっかり聞いてもらうと、(中略) 今度こそがんばろうと、明るく家路につけるのであった。

こんなに自分のことをわかってくれる者がいる。勉強ができるとかできないに関係なく、自分に対してこんなに忠誠と愛情を注ぎ、この世の中でいちばん大事な存在として扱ってくれる。

(中略)

神父さんは繰り返し語っていた。

「あの時、自分の犬が全身全霊を傾けて聞いてくれ、苦しんでいる私と共にいてくれました。その犬に自分の気持ちを全部話してしまうと、不思議と、自分は自分であっていいと思えるようになり、気持ちが楽になったのです。」

(3) 小説『モモ』

ドイツの作家ミヒャエル・エンデが書いた小説『モモ』には、主人公のモモが相手の話を聞く名人として描かれています。

エンデは主人公のモモについて、次のように書いています。

モモに話を聞いてもらっていると、ばかな人にもきゅうにまともな考えがうかんできます。モモがそういう考えを引き出すようなことを言ったり質問したりした、というわけではないのです。彼女はただじっとすわって、注意ぶかく聞いているだけです。その大きな黒い目は、あいてをじっと見つめています。するとあいてには、じぶんのどこにそんなものがひそんでいたかとおどろくような考えが、すうっとうかびあがってくるのです。

モモに話を聞いてもらっていると、どうしてよいかわからずに思いまよっていた人は、きゅうにじぶんの意志がはっきりしてきます。ひっこみ思案の人には、きゅうに目のまえがひらけ、勇気が出てきます。不幸な人、なやみのある人には、希望とあかるさがわいてきます。

ミヒャエル・エンデ(大島かおり訳)『モモ』(岩波書店、1976) 22頁より引用ドイツ文学者の子安美知子早稲田大学名誉教授は、モモの話の聞き方について、「自分の意見をひかえて他者の話を聞く。対立するものどうしの争いに対して、自己を等距離におき、沈黙して聞き入る。周囲の動きにまきこまれず、好奇心を示さず、つねにおちついている—客観性、超情性、恒常性」と説明しています（[55]）。

小説『モモ』には、時間泥棒に見られるように人間性が疎外されていく現代社会の状況が風刺的、批判的に描かれていますが、エンデはその中で「小さなモモにできたこと、それはほかでもありません。あいての話を聞くことでした」と、他の人の話に耳を傾けていく能力をモモに授けています（[56]）。

エンデはモモのもつ「聞く力」について、「モモが身につけていたような、ひとの話に聞き入る力、その秘密は、自分をまったくからにすることにあります。それによって、自分のなかに他者を迎える空席ができます。そして、その相手をこの空間に入れてあげます。モモはそうやって彼女のなかにはいってくるものが、良いものか悪いものかと問うことをしません」と説明しています（[55]）。

「自分を空にしてそこに相手を迎え入れる」、ここにアクティブ・リスニングの原点があるのです（[57]）。

小説『モモ』は有名な話ですので、読まれた方も多いのではないでしょうか。私はアクティブ・リスニングについて研究していたとき、鈴木秀子先生の著書『愛と癒しのコミュニオン』（1999）と『心の対話者』（2005）に出会い、そこから小説『モモ』について詳しく知りました。

2　傾　聴

(1)　調停委員の「話を聴く」

では、調停委員は「話を聴く」ことについて、どのように説明されているのでしょうか。『新版調停委員必携（家事)』（日本調停協会連合会、2015）では、話の聴き方について、「当事者の主張を十分に聴く態度をもち、当事者が積極的に話せるよう、いわゆる聴き上手になることが大事」と説明しています（[30]）。

また、大阪家庭裁判所家事調停研究会は、「調停での傾聴とは、単に当事者の話にうなずいて聴くことではなく、当事者が言わんとしていることを客観的な事実と主観的な事実に分類し、その意図を明確にするためのもの」と述べています（[58]）。

これらの説明からは、家事調停における傾聴とは、当事者の話に耳を傾けることだけでなく、話を聴く一方で事実の把握を行い、当事者の意図や真意を明確化することまで含めて「傾聴」としています。

そこでは「傾聴」にいろいろな役割を負わせており、なかなかたいへんな作業といえます。では、「傾聴」とは一般にどのようなことをいうのでしょうか。

(2)　「傾聴」とは

今、傾聴はさまざまな分野で取り入れられています。たとえば、看護教育ではかなり前から取り入れられており、「傾聴が大切な理由は、相手が持つ重要な情報を理解し、対話者間のゆるぎない信頼関係を構築することにある」としています（[59]）。

また、ソーシャルワークでは「傾聴に始まり傾聴に終わる」といわれており、傾聴とは意識を集中させてクライエントの語ることを「聴く」ことで、面接の基本とされています（[35]）。

そこで、聞き手が「自分の述べようとしていることを、真剣に聴いてくれ、理解しようとしてくれている、関心を持って聴いてくれているという実感は、クライエントに問題解決への動機づけを促す」とされています。

また、傾聴は単にクライエントの語ることに耳とこころを傾けて聴くというばかりでなく、「聴いている」ということを相手に伝えることも含んでいます。

実際、コーチングにおいては、「話をよく聞くとは、黙って視線を合わせ、相手の話す速度に同調して、相づちを打つこと」とされています（[60]）。

ところで、心理学者のR・ネルソン＝ジョーンズは、「聞くことは、私達が人に与えることのできる非常に強力な心理的報酬」であると述べ、報酬を与える聞き手は話し手を肯定し、報酬を与えない聞き手は話し手を否定し、報酬を与える聞き方をすれば、人は安心して、防衛のためにつけていた仮面を外し安心して話をすると述べています（[28]）。

また、鈴木秀子聖心女子大学名誉教授は「聞く」ことに関して、「聞く」技能についてはトレーニングの必要性を理解できない人が多いが、「実際には、『聞く』ことは『話す』こと以上に技能を必要とし、その技能は日頃のトレーニングなしに身につけることができない」と述べています（[61]）。

調停で調停委員が当事者に“寄り添う”には、傾聴の技術を身につける必要があります。そこでは、まず傾聴の仕方を学び、そして、トレーニングを続けていくことが大事です。

ところで、私はかつて数年間、金沢工業大学・虎ノ門キャンパス（東京）内で毎年夏に開かれた親業訓練協会主催「教師学事例研究発表会」に参加し、研修を受けていたことがありました。

その研究発表会では、会の最初に参加者全員が二人一組になり、交互に自己紹介を行うのですが、一方が自己紹介をしている間、他方は傾聴スキルを使ってそれを聞くという方法で、傾聴のトレーニングを行っていました。

それに参加した私は、「なかなかうまいやり方だな」と感心しました。このような“さりげない”傾聴のトレーニングを、調停委員も研修会に取り入れるとよいと思います。

⑶ 医療面接における「傾聴」

医療面接においても、傾聴は重要な技術とされています。斎藤清二富山大学保健管理センター教授は、傾聴とは「単に聞く（聞き流す）ことではなく、話し手が自分を表現することを促進するような、言語的、非言語的メッセージを送りながら聴くことである」とし、そこでは以下のような態度が基本になると説明しています（[45]）。

① 傾聴の最も基本になる態度は、「患者の話を決してさえぎらずに、常に肯定的関心を持って耳を傾けること」である。

② 傾聴は単なる情報を得るための手段ではなく、その過程自体に心理療法的効果を含んでいる。傾聴は受容（受け入れられていること）を患者に実感させる最も効果的な態度である。

③ 傾聴されるという体験は、患者の持っている悩みや苦しみを解放、発散させ、共に歩んでくれる援助者の存在を実感させ、患者が自分自身で問題を解決し、自己治癒力を発揮させることに対する強力な援助となる。

④ 傾聴は単なる技法ではない。傾聴的な態度は、他者への肯定的な関心を基本に、その技法を磨き続けることによって獲得されるものである。

ここでは、「傾聴」とは神経を集中して相手の話に単に耳を傾けることではなく、もっと奥が深く、それは相手に対する肯定的関心や援助者の存在を実感させ、相手の問題解決力や治癒力を援助していく技法であり、技法を磨き続けることによってやっと得られるものであることが説明されています。

家事調停の当事者は、さまざまな悩みや生活上の困難を抱えています。それらの方々の話に耳を傾け、話をしっかり受け止めていくには、傾聴の技術がぜひとも求められます。

(4) SOLER

ソーシャルワークの面接では、言語によるコミュニケーションと非言語によるコミュニケーションの両法を使って、「私はあなたの話を一生懸命聞いています。私はあなたの考えや感情を理解したいのです」というメッセージを出していると説明されています。

また、非言語的なメッセージによってクライエントに援助・支援を受けることへの安心感をもたらすことは大切なこととされ、たとえば、服装、化粧、髪型等も援助・支援を行うものとしてふさわしいものである必要があるとされています。

そして、非言語による傾聴の表現技術がSOLERです。SOLERとは頭文字で、「聴いていることを非言語的に伝える技術」を意味し、具体的には以下のような内容をいいます（[35]）。

- S（Squarely）……クライエントに気持ちのうえで正面から向き合う。いっしょに作業をする準備があることを伝える。
- O（Open）……クライエントに対してオープンな（胸を張った）姿勢をとる。防衛的でなく受け入れることを伝える。
- L（Leaning）……話の核心があると思える場面で、上体を乗り出す姿勢をとる。集中して話を聴いていることを伝える。
- E（Eye）……時々、クライエントと視線を合わせる。クライエントに関心を向けていることを伝える（じっと見つめてはいけない）。
- R（Relaxed）……適度にリラックスして、クライエントに接する。クライエントをリラックスさせ、援助・支援にある程度の自信があることを伝える。

(5)「報酬を与えない」聞き方

一方、SOLERの対極にあるのが「報酬を与えない」聞き方です。心理学者R・ネルソン＝ジョーンズは、「聞き手となったとき大事なことは、何を聞くかではなく、いかに聞くかで」、「ボディ・メッセージを上手に送ることは、報酬を与える聞き方となるための非常に重要なスキル」であるとし、「たとえ言葉で理解を示しているメッセージを送っても、視線を向けていない、体を後ろに反らせている、身体をねじりながらクライエントの方を向いている、身体的距離が遠いなどの場合は、下手な聞き方と評価され」ると述べています（[28]）。

ここで「報酬を与えない」聞き方の一例をあげると、たとえば医師が診察の際、患者のほうをほとんど見ずにパソコンの画面ばかり見ているような場合です。

SOLERと「報酬を与えない聞き方」のどちらが「話し手にとり心地よいか？」、その答えは明白でしょう。

調停の傾聴に関する説明では、非言語的メッセージ（表情、声の調子、姿勢・態度、雰囲気、視線、うなずき、相づち）についてはほとんど語られることがありません。しかし、SOLERのような非言語的メッセージも、重要な“傾聴スキル”であると私は思います。

3　深く聴く

(1) 言語による傾聴表現

渡部律子日本女子大学教授は、臨床心理、カウンセリング、ソーシャルワークなどに関する文献を調べ、そこに登場する「言語技術」あるいは「言語による反応」と呼ばれるものを整理しています。

それによると、面接における言語反応のバラエティには、以下のものがあると説明しています（[34]）。

①　場面構成（面接場面設定のための説明）

・例：「ここまで来られるのにどれぐらい時間がかかりましたか」

②　受け止め、最小限度の励まし・促し・非指示的リード

・例：「ええ」「はい」「そうですか」「ふんふん」「どうぞ、続けてお話しください」「それで？」「そうでしたか」など。

③　明確化・認知確認

・例：「あなたが言ったことは×××でしょうか」「あなたは××と思われたのでしょうか」「あなたは××と言われたのですね。私がそう聞いたのは正しいでしょうか」

④　相手の表現したことの繰り返し

・否定、肯定、解釈を一切入れず、クライエントの話したことをそのまま述べること。

⑤　言い換え（相手の表現したことを異なる表現で言い直す）

・クライエントの伝えたことの基本的な内容を本来の意味を失わずに、内容は同じでありながら違う表現で言い直す。

⑥　感情の反射・感情の明確化

・例：「×××というお気持ちだったのですね」「私には○○さんが××だったように思われます」

⑦　要　約

・クライエントの会話の、いくらかまとまった内容の、中核と思われる事柄をまとめて話す。

⑧　質　問

・「開かれた質問」「閉ざされた質問」「欠けている情報を明らかにする問いかけ」。

⑨　支持・是認・勇気づけ・再保証

・例：「今までよくがんばってこられましたね」

⑩　情報提供

・相手にとって役立つ情報を相手が理解できる形で提供する。

⑪　提案・助言

・「こうしたらどうか」などといった方法を申し出たり、アドバイスしたりする。

⑫　解釈・説明

・クライエントが述べた事柄の意味を説明したり、一歩進んだ解釈をする。

⑬　分断化されたさまざまな情報の統合

・（異なる時点でバラバラに出て来た情報の）統合（要約を含む）と明確化の組み合わせ。

⑭　焦点化、見えていない点に気づき、新たな展望を開く援助

・問題解決の方向に面接を導いていくための方法、解釈、深い共感、情報提供、対決などといったいろいろな技法が組み合わされて使われることが多い。

⑮　仮説的状況に関する質問

・例：「もし××であったら？」といった推測に関する問いかけ。

このうち、②（受け止め、最小限度の励まし・促し・非指示的リード）から⑦（要約）までが一般に「傾聴」（傾聴反応）と呼ばれているもので、「これは相手の話に耳を傾け、より正確に相手の話を理解しようとするために必要な言語表現のグループ」と説明しています。

また、このグループの言語表現の機能的な特徴は、「焦点はクライエントの話す内容にあり、面接をしている援助職者の価値判断が極力入らないようになっている」とも説明しています（[34]）。

当事者の話に耳を傾けていく場合、SOLERと言語による傾聴表現の両方

を使っていくことが重要です。

⑵　話を掘り下げる

傾聴では、話を掘り下げるコミュニケーション技術も重要になります。ソーシャルワークでは、当事者が取り上げた問題を認知・行動レベルで探索することができるように励まし、援助する働きかけが重要とされ、それは当事者の問題を掘り下げる働きかけになるとされています。

そこでは、当事者の視点で問題を探索することが必要で、具体的な働きかけのコミュニケーションは以下のようになると説明されています（[33]）。

①　問題を掘り下げる

「そのことについてもう少し詳しくお話していただけませんか？」

「どうしてそう思われるのですか？」

「いくつか例をあげていただけますか？」

②　問題の意味を明らかにする。振り返りと同意。

「そのことはあなたにとってどんな意味がありますか？」

「それは大変でしたね」

「だから困ったのですね」

③　当事者自身の特徴に気づかせる

「あなたのようなタイプの方には、どのような方法がうまくいくと思われますか？」

調停では時間に限りがあるため、話の重要なポイントでもあまり深掘りされず、次に話が進んでいってしまうことがあります。大事な場面では、話を掘り下げることが大切です。

⑶　言語的追跡

面接では、当事者の話についていく態度も重要になります。当事者が十分話をしていないうちに調停委員が一方的にコメントしたり、調停委員の方から唐突に話題を飛躍させたりすることは避けなければなりません。

医療面接においては、相手の話についていく態度を「言語的追跡」と呼び、これは「傾聴の基本となる態度」とされています（[45]）。

では、実際に、言語的追跡とはどういうものか見てみることにします。

〔例１〕　言語的追跡をしていない例

＊D：医師、 C：患者

D：おはようございます。具合はいかがですか

C：先生、どうも調子良くないです。ご飯もあまり食べられないんです。だんだん体が弱って来るような気がします。

D：そんな弱気なことを言ってはいけませんよ。病は気からというでしょ。がんばってたくさん食べないと、治るものも治りませんよ。

C：……。

齋藤清二『初めての医療面接―コミュニケーション技法とその学び方―』（医学書院、2000）29頁より引用

ここでは、医師が患者の言葉に対して「そんなことを言ってはいけない」という批判的コメントをしているので、患者はそれ以上話そうという気持ちをなくしています。

〔例２〕　言語的追跡を堅持した例

D：おはようございます。具合はいかがですか

C：先生、どうも調子良くないです。ご飯もあまり食べられないんです。

D：そうですか。あまり食べられないんですね。

C：なんだか、だんだんこのまま体が弱っていってしまうんじゃないかと……。

D：だんだんと弱っていくような、そんな気がするんですね。

C：そうなんですよ。もう、このまま良くならないんじゃないかなんて思ったりするんですよね。

D：なるほど……。

C：そう考えると、いやーになりますね。
D：気持ちがすごく落ち込んでしまう……。
C：そうなんですよ。
D：（沈黙）……。
C：先生、実は来月娘の結納なんですよね。
D：ああ、そうなんですか。
C：一人娘なんでね。なんとかそれまでには、少しは良くなりたいと思います。
D：そうですね。それまでに良くなるといいですね。
C：はい。結局は気の持ちようかなぁとも思うんですよ。時々は気分のいい時もありますしね。
D：がんばってみようという気になると……。
C：そうなんです。もう少しがんばってみようと思います。

齋藤・前掲30頁より引用

ここでは、医師は患者の言葉や気持ちをさえぎることなく、傾聴することに徹しています。

このように医師が患者の言葉や気持ちにどこまでもついていこうとすると、患者は次から次へと自分の気持ちを語ってくれます。これが言語的追跡といわれるものです。

4　SOLERを使った傾聴（実技）

SOLERとは、聴いていることを非言語的に伝える技術であると先に説明しました。

私は全国各地の調停委員研修会で、このSOLER（実技）を体験してもらっています。

(1) SOLER（実技）のやり方

私は次のように進めています。

① 二人一組（ペア）になる。

※なるべく、日ごろ接する機会のない人とペアを組む方がやりやすい。

② 1回目の「話し手」と「聞き手」を決める。

※2回目は役割を交代する。

③ 話のテーマは、「今日、朝起きてから今までの出来事について」

※話す時間は約3分間（司会が管理する）。

④ 聞き手はSOLERを意識し、「相づち」と「うなずき」をしながら聴く。

※聞き手は質問があれば質問してもかまわない（質問は傾聴表現の一つ）。

⑤ SOLER（実技）の終了後、互いに振り返りを行う。

・話し手は「聞き手がうまく話を聴いてくれたか」、聞き手は「話し手がうまく話すことができたか」、互いに感想を述べ合う（1人約2分間）。

⑥ 2回目は役割を交代し、同じ方法でSOLER（実技）を行う。

(2) SOLER（実技）の体験と感想

SOLER（実技）の実施後、私は調停委員の皆様から感想を聞くようにしています。以下SOLER（実技）の感想の中から、いくつかご紹介します。

・調停では傾聴しているつもりでも、当事者から感想を聞くことはないが、実技をしてみて、感想を聞くことができて参考になった（東京）。

・黙って聴いているだけでなく、時々相づちを打ったり質問することで、熱心に聞いてくれていると相手に理解してもらうことが大事だと感じました（相模原）。

・調停ではいつも聴く立場ですが、話し手の気持ちがとてもよくわかりました（川越）。

・楽しかった。話の途中で話の一寸深いところを質問していただき、「あ、もう少し詳しく話したほうがいいのだ」と気づかされ、調停の時にも参考になる（小倉）。
・楽しく「SOLER」をさせていただき、笑顔・うなずき・相づち・目を見る大切さをあらためて感じた（広島）。
・「傾聴」のトレーニングはとても楽しかったです。当事者に寄り添い、傾聴の大切さを実感し、これからの調停に生かしていきたいと思いました（山口）。

SOLER（実技）は簡単にできるうえ、ここで紹介した話のテーマは身近なので、誰もが抵抗なく話すことができます。この話のテーマの良いところは、テーマは常に同じであっても、毎回違った話が聞けることです。実際にやってみるとおもしろいので、皆様も試してみてはいかがでしょうか。

⑶　SOLER（実技）での気づき

2017（平成29）年9月28日の長崎調停協会連合会主催「調停委員研修会」でも、私はこのSOLER（実技）を実施しました。そして、実技の終了後感想をお聞きした際、対馬から参加されたある調停委員の方の話に、私はたいへん驚きました。

その対馬の調停委員の方は、研修会当日対馬から長崎まで船で来る予定でしたが、視界不良で船が欠航したため急遽ルートを変え、対馬から福岡まで飛行機で飛び、福岡から長崎まで特急列車で来たということでした。

その話を聞き、私はたいへんなご苦労をして参加していただいたことに感謝するとともに、あることに気づかされました。

それは、研修会の参加者は皆「当日“何事もなく”研修会に来ているもの」と私は思い込んでいましたが、実はそうではなく、この対馬から来られた方のように「ほんとうに“たいへんな思い”をして参加されている方もいる」ということに、初めて気づかされたのです。

そして、このことは調停の当事者の場合も同じで、調停期日に当事者は“何事もなく”来ているように見えても、「実は“たいへんな思い”をして来ているのかもしれない」ということに初めて思い至りました。

そう考えると、調停期日に当事者に「“たいへんな思い”をして来られたのではないですか？」と聞いてみることも、時には必要ではないかと思います。

第3節　アクティブ・リスニングの技術

関岡直樹元調停委員や少年の話を聴く犬のような話の聞き方は、一般にアクティブ・リスニングと呼ばれているものです。

私は以前アクティブ・リスニングについて研究し、拙稿「アクティブ・リスニングとはどういうものか――自主交渉援助型調停の背景にあるもの――」が、仲裁ADR法学会誌「仲裁とADR」第6号（2011）に掲載されたことがありました。

そこで、私が学んだアクティブ・リスニングについてご紹介します。

1　アクティブ・リスニングの基本

⑴　「アクティブ・リスニング」とは

アクティブ・リスニングとは、価値判断を加えずひたすら聞くことです。アクティブ・リスニングの原則は、ひたすら共感をもって聞くことで、「批判しない」、「同情しない」、「教えようとしない」、「評価しない」、「ほめようとしない」ことが大切とされています（[54]）。

「なぜそのような話の聞き方が重要か？」というと、何らかの問題を抱えている人は、自分を変えようとする聞き手の意思を感じると防御の姿勢になり、自分自身や問題自体を見つめることができなくなること、また、聞き手にとっても「何とか話し手を変えようと、妙案を練り始め」ると、「聞くことより考えることに意識がいってしまい、話し手との意識の距離を広げてしまう」ことになるからです（[61]）。

アクティブ・リスニングでは、聞き手は話し手をありのまま受け入れることが大切で、そこでは話し手が「自分は認められ、受け入れられている」と感じるよう、言葉や態度で伝えること、そうすると、話し手自身が客観的に自分を見つめ、新しい視点から状況を検討し、問題解決の糸口を見つけ、苦難を乗り越える力を得ていくとされています（[61]）。

⑵ 「受容」と「非受容」

アクティブ・リスニングでは、「受容」と「非受容」の理解が重要とされています。「受容」とは、相手の言うことを肯定も否定もせずに受け応えることで、そこでは「聞く」という行為は「受容」を意味し、受容とは「あなたの話をしっかり聞きます」という姿勢になります。

反対に、相手の思いを否定することは、「会話の意思はありません」というメッセージを伝えることで、それは“最悪の態度"とされています。そして、相手を受け入れていないと、以下のようなことが起こってしまうといいます（[61]）。

① 相手の思いを否定する（話の腰を折る、相手の見解を否定する、相手の提示したテーマを無視する）

これらは「あなたの言うことを聞くつもりはない」という最悪のメッセージを伝えることになり、会話はそれ以上深まらず、下手をすれば口論になってしまう。

② 結論を急ぐ

これは、「あなたの意見を聞くことは聞くが、長々と聞く気はない」というメッセージを伝えることで、結論を急ぐ背景には、相手の意見を容認したくない、相手の提示したテーマについて話したくないといった心理が働いていて、相手との議論を拒否するために結論を急ぐ。

③ 自分の考えを押し付ける

これは、「あなたの言い分も聞くが、最終的には私の意見にしたがえ」

というメッセージを送ることで、自分の考えを押し付ける応答をする場合には、「あなたの間違った判断や懸念には巻き込まれたくない」という思いを抱いている場合が多く、また自分の価値観を裏づけるため、すぐに成功体験を語る人も多い。

(3)　共感的に聞く

アクティブ・リスニングでは、共感をもって話を聞くことが重要になります。では、「共感的に聞く」とはいったいどういうことでしょうか。

心理学者トマス・ゴードンは、葛藤があったり、強い感情体験をしているときには不均衡の感覚が生じ、均衡状態を取り戻すために何かをしたくなり、その何かとは多くの場合「話す」ことで、イライラしたり葛藤を抱えたりしている人が、共感的に聞かれることで自分の経験を完了できるようになると述べています（[62]）。

ここでは、話すことによってこころが均衡状態を取り戻すことが述べられていますが、人は話に耳を傾けてもらうことで、こころの中に安堵感や安心感を得たり、こころの中が浄化されたりします。このようなこころの動きは、心理学では“カタルシス効果”と呼ばれています（[63]）。

(4)　フィードバックとミラーリング

アクティブ・リスニングにおいて、聞き手のもっとも重要な役割がフィードバックです。フィードバックとは、「聞き手が、相手が話した内容を正確に受けとめたかどうかを確認する作業であり、聞き手が話し手に返す言葉」とされています（[61]）。

アクティブ・リスニングでは、話し手のこころの扉を開くことが必要で、「こころの扉を開けておくために重要なのは、聞き手が話し手の語る言葉を受けとめて、それをより明確にして返す、――つまり、フィードバックするという作業で」、「聞き手は、話し手の言葉を自分に受け止めて、相手の言葉の意味をより明確にして、それを話し手に向かって言葉として返す。きちんと把握できたかどうかわからない時は、『私はあなたの言ったことを、こんなふうに理解しましたが、それでいいですか？』と、自分の言葉で返すこと」とされています（[54]）。

このフィードバックが適切になされると、話し手は「すべてを話させてくれた」、「すべてを聞き、こころにとどめてくれた」という確信を得るだけでなく、「聞き手が、自分が話したことを整理して返してくれるので、自分の抱えている問題なり、もやもやしているこころの内を客観的に眺め直すことができるようにな」り、「こうして話し手は、解決やより深い意味を汲み取る力を得ていく」というのです（[61]）。

このフィードバックの一つのスタイルが、「ミラーリング」です。ミラーリングとは「鏡に映すことによって自分がわかる」ということに由来し、聞き手が話し手を映す鏡になることです。

具体的には、ミラーリングとは相手の言うことの内容をそのまま相手に返していく技法であり、これは受容的な応対の主流とされています（[61]）。

では、なぜフィードバックやミラーリングが求められるのでしょうか。それは、アクティブ・リスニングで最も重視されるのは「話し手の言葉であ」り、「聞き手は話し手の発言を主な情報源と」し、「話し手が何をどのように語るかに注意深く耳を傾けることで、話し手が自分や自分の周囲の世界を認識し、受容できるようになることが最大の目標」とされているからです。

そして、聞き手が話し手の語る言葉に耳を傾け、その言葉を手がかりに相手への理解を図っていくと、話し手は自分の内面を語るための言葉を次々と発するようになり、アクティブ・リスニングが第一にめざすのは、「話し手からの自発的な言葉を引き出すこと」にあるとされているからです（[61]）。

また、概して人は自分自身を客観視することはあまり得意ではなく、ほとんどの場合主観の中で見ているため、自分を苦しめている問題についても必ずしも客観的に見ていないケースが多いこと、そのため、聞き手が集中力をもって話し手の言葉を聞き、適切な場で適切な応答を行っていると、「話し手は聞き手の誤解に気づくとともに、自分の勘違いや思い過ごし、認識の偏りなどにも気づくことができ」、ここにアクティブ・リスニングの本質的な効用が隠されているといいます（[61]）。

では、なぜ人は自分自身を客観視することが難しいのでしょうか。その理由は、知の対象となる自分と知の主体となる自分が「密着」あるいは「一体」「不可分」であるためで、「ものを見るには、距離が必要」になるからです（[64]）。

(5)　AVECS（アヴェックス）

アメリカ・デューク大学ロースクール附属研究センターで開かれた調停者研修に参加したことのある山田文京都大学大学院教授によると、アクティブ・リスニングにおいては、その頭文字から「アヴェックス」（AVECS）がキー概念で、重要と認識されているといいます。

Aはアクナレッジメント（acknowledgement）のことで、「あなたの言うことを認めて聞いていますよ、分りますよ」ということ。

Vはヴァリデイト（validate）のことで、「あなたの話を妥当なものとして、私はそれを確認しながら聞いていますよ」ということ。

Eはエンファサイズ（emphasize）のことで、「強める、ここでは同感し励ます」といったニュアンス。

Cはクラリファイ（clarify）のことで、「話を明らかにする、適宜質問等を挟んで話を明らかにしていく」ということ。

Sはサマライズ（summarize）のことで、「要約してポイントを確認する」ということ。

そして、ポイントの確認においては、「本当に語り手が言いたいことをきちんと押えていれば、その人は二度とその話を繰り返さない、しかし、そこが押えられていないと、語り手はそこをわかって欲しくて、同じ話（と聞こえるもの）を、いつまでも繰り返していく」こと、そのため、「サマライズしたときに、調停者は語り手に対して、私はこういうふうに見ていますけれども、足りない部分については、もっと繰り返してもいいですよ、指摘してくださいと伝えることが重要である」と説明しています（[65]）。

2　アクティブ・リスニングの実際

(1)　アクティブ・リスニングの入口

アクティブ・リスニングでは、話し手が話したくなる雰囲気づくりが重要になります。このプロセスを“アイスブレーキング”といい、頑なになっている話し手のこころを溶かすという意味で、トマス・ゴードンはアイスブレーキングを「こころの扉を開く」と呼んでいます。

そして、こころの扉を開くには「ドアをノックする言葉が必要で」、「相手が何らかの意思表示をした時、たとえそれがかすかな意思表示であっても、それをとらえて、『話を聞かせてほしい』と相手のこころをノックする」ことが大切とされています（[54]）。

話し手がこころの扉を少し開いて語り始めたら、聞き手はその話を聞き、応答をしていきます。応答の手法としては、①ミラーリング、②相づち、③うなずき、④沈黙の四つの選択肢があります（[61]）。

話を促す簡単な方法としては、「そうか」「ふうん」「なるほどね」などと相づちを打つことが効果的で、「自分の考えや判断を相手に伝えない言葉づかいや話し方をこころを込めながらすることによって、話し手が考えや判断、感情を話すように促す」のだといいます（[54]）。

これらの短い言葉は、「私はあなたの話を聞いています。続けてください」という聞き手の関心の表出を意味し、話し手を励ます「小さな報酬」を与えているのだといいます。

このような言葉としては、他に「うん、うん」「そうだね」「その後は？」「確かに」「もっと聞かせて」「それから」「続けて」「そう」「なるほど」「本当？」「まあ！」「その通り！」「おもしろいね」「わぁー」「それで？」「う～ん」「わかる」「まさか」などがあります（[28]）。

さらに「もっと話して」という気持ちを積極的にはっきりと伝えるには、「『君はどう思う、話してみて』『その話が聞きたいね』『何か言いたいことがありそうだね』などという言葉を使」うこと、さらに、相手に「受け入れているよ」という「受容」のメッセージを伝えるには、「一人の独立した人間として尊重していることを明確にする」ことで、「こうしてドアをたたく時、人は、“自分は価値のある人間として認められている”、“大事にされ、受け入れられている”と感じ、こころの扉を開」き、これに成功することがアクティブ・リスニングのスタートラインとされています（[54]）。

また、「開いた質問」（オープン・クエスチョン）をすることも、話し手が話をしやすくするためのスキルで、「開いた質問」とは「話し手が自分の考えを整理し、それを外に向かって話すのを助ける質問」とされています（[28]）。

話し手が話しやすい雰囲気づくりは、マイクロカウンセリングにおいても同様とされています。話しやすい雰囲気づくりを行って、話し手が抵抗なくこころの扉を開けて話ができるようにすること、これがアクティブ・リスニングの第一歩になります。

(2)　「非受容」のフィードバック

アクティブ・リスニングにおいては、適切なフィードバックが重要になります。ところが、実際にはこのフィードバックが適切にできないため、話合いもうまくいかないのだといいます。

心理学者トマス・ゴードンは、相手が何か問題を抱えているときの反応として、人がふつう口にする言葉には「うまくいかないフィードバック」が多く、それがコミュニケーションを阻む障害になると述べています。

そして、空港で「飛行機に乗るのはイヤッ。行きたくない。家に帰りたい」と駄々をこねている6歳くらいの女の子に対するフィードバッグを一つの例に取り上げ、12種類の「うまくいかないフィードバッグ」を示しています([62])。

① 命令、指示(「行くのよ、だから黙ってなさい」)

② 脅迫、警告(「ぐずぐず言うのをやめないなら、もっとイヤなことにするからね」)

③ 説教、教訓(「本当にいい子は泣いたりしないし、言うことをきくものよ」、「おばあちゃまのところに行けるなんて、幸せなことなのよ。よろこびなさい」)

④ 忠告、解決策(「ほかのことを考えたらいいのよ。そうしたらイヤじゃなくなるから。ほら、バッグに入れたクレヨンを出して絵でも描いたらどう?」)

⑤ 講義、教示、事実の呈示(「おばあちゃまの家まであと3時間だけなのよ」)

⑥ 判断、非難、批判(「もう、この飛行場で一番悪い子ね!」)

⑦ 賞賛、ご機嫌とり(「まったく大きいお姉ちゃんで、お利口なんだから!」)

⑧ 悪口を言う、馬鹿にする(「大きな赤ちゃんね」)

⑨ 解釈、診断、分析(「ママを困らせようと思って!」)

⑩ 説得、同情(「かわいそうな子。旅行は本当に大変だよね」)

⑪ 探る、尋問(「なんでそんなふうになるわけ?」)

⑫ ひきこもり、ごまかし(「ほら、あそこの小さい男の子がもっている赤い風船を見てごらん」)

トマス・ゴードンは、この12種類の反応はどれも話し手のメッセージを理解したことを伝えるものではなく、「それどころか、話し手が言っている内容についてのまっとうな反応ですら」なく、「実のところは聞き手自身のことを語っているにすぎない」といいます。

そこでは、フィードバックの①から⑤までには、「あなたは頭が悪くてこのことについて自分で考えられないでしょうから、私が教えてあげるわ」というメッセージが、⑥から⑪には「あなたちょっと変よ」というメッセージが、⑫には「それについてはあまり話したくない」というメッセージが隠されているというのです。

そして、「うまくいかないフィードバッグ」は「非受容」の言語で、「誰かが考えていることや感じていることを理解するには、少なくともそのときそれを体験している人にとって、その思考や感情が真実であることを、聞き手がまず受け入れなければな」らないこと、ここで求められるものは「受容」の言葉であり、それは話し手が表現した思考や感情を理解したことを反映するフィードバッグだというのです（[62]）。

そして、トマス・ゴードンはこの「評価的な部分が最小のフィードバック」のことを、「能動的な聞き方」（アクティブ・リスニング）と呼んでいます。

「非受容」のフィードバックをしないこと——端的にいえば、これがアクティブ・リスニングということになります。

⑶「受容」のフィードバック

では、空港の女の子の例で、「受容」のフィードバック（言葉）というのはどのようなものでしょうか。

それは、たとえば女の子が「飛行機に乗るのを怖がっているんだ」と親がわかれば、「飛行機に乗るのが怖いのね。家に帰るほうがいいんだ」というような言葉（フィードバック）で、そこで「娘の恐れは小さくな」ること、「子どもが求めているのは、自分の気持がいかに強いかを親が認めること」で、「子どもにとっては、自分の感情を理解してもらうことこそ、一番必要」なのだといいます（[62]）。

そして、このような「受容」を積極的に表すためのフィードバックには、第一に、話し手のメッセージへの聞き手の理解を確かなものにするという効用（フィードバックを繰り返すことで、誤解や勘違いを最小限にすることができる）

が、第二に、話し手自身が問題の本質を理解するという効用（聞き手が、正確に話し手のメッセージを理解して、それを言葉で表現すると、話し手のほうもそれを受けとめる段階で、自分の問題の理解をより深めることができる）があるとされています（[54]）。

このようなアクティブ・リスニングにより、話し手は聞き手の誤解に気づくとともに、自分の勘違いや思い過ごし、また、認識の偏りなどにも気づくことができるといいます（[61]）。

3　アクティブ・リスニングで使われる技法

(1)　ミラーリング

ミラーリングとは、相手の言うことの内容をそのまま相手に返していく技法と説明しました。ここではその理解を促すために、ミラーリングを使った会話を一つご紹介します。

子ども「今日学校で嫌なことがあったの」
親　「そう、学校で嫌なことがあったのね」
子ども「友達が騒いでいたのに、自分が騒いでいることにされて先生に叱られたの」
親　「自分が騒いでいると思われて、先生に叱られたのね」
子ども「自分は全然悪くないのに、叱られて頭にきちゃった」
親　「悪いところはなかったのに、叱られたから腹が立ったのね」
子ども「そうなんだ。でも、友達と一緒にいたから先生に誤解されたのかな」

（＊会話の内容は筆者が創作したもの）

鈴木秀子聖心女子大学名誉教授は、ミラーリングは「『否定も肯定もしない』という受容的な聞き方の代表的な技法で」、「ミラーリングを行うと、話し手は非常にスムーズに、自分の言いたいことをすべて語ることができる」と説明しています。

また、ミラーリングは、うなずきや「なるほど」、「そうですか」といった受容の相づちと同様の意思を伝えるものだが、一定の長さのフレーズであるがゆえに、相手には「あなたの話を聞いている」というメッセージを伝えるとともに、「あなたの言っていることはこういう意味ですね」という確認の機能ももっていて、話し手のメッセージを聞き手が言い換えることで、話し手は自分のメッセージを客観的に聞き直すことができ、自分のメッセージが適切であったか、それとも不適切であったかを理解することができるといいます（[61]）。

特に、相手の感情を取り上げてミラーリングすることはたいへん重要で、感情をミラーリングするとは、「相手の感情の流れとともに感じ、それを相手に伝えることで」、感情のミラーリングは「相手に、自らの感情をより深くとらえる機会を与えることであり」、「相手の話を理解していることを相手に分からせる確かな方法」とされています（[28]）。

先に、面接における基本的応答技法（本章第1節3(2)）のところで「感情の反射」について説明しましたが、「感情のミラーリング」＝「感情の反射」ということになります。

ミラーリングにおいては、何をミラーリングするかによって、話の流れや方向をコントロールすることができる「水路づけ」や、相手の話をそのまま繰り返す「オウム返し」、あるいは、話し手のメッセージを聞き手が自分の言葉で返す「言い換え」等があります。

そして、「言い換え」のミラーリングを行うためには、「相手の話をしっかり聞いていなければなら」ず、言い換えを行おうとすれば話し手のメッセージを理解しなければならないので、聞き手の真剣度も高まり、それに応じて話し手も「私の言うことをしっかり聞いてくれている」という実感を抱くことになること、また、適切に言い換えを行う技能を養うためにはそれなりのトレーニングが必要とされています（[61]）。

(2)　パラフレイジング

自主交渉援助型調停で傾聴スキルとされているパラフレイジングやリフレイミングは、この「言い換え」のミラーリングです。では、「言い換え」のミラーリングがなぜ重要なのでしょうか。

それは、「リピート」を繰り返すいわゆる「オウム返し」の応答では、「話し手はだんだん白けてきてしま」ったり、「相手が言ったことをいつまでもそのまま繰り返していたのでは、相手を怒らせてしまうから」です（[28]）。

このことは、先に「面接で避けたい15の応答パターン」（本章第１節４）の中でも説明しました。

ところが、上手な語句の置き換えは、ちょうど鏡のように最初の人の発言よりもかえって明瞭で簡潔に言葉を反射させていて、場合によっては話し手から、「その通りなのよ」とか「私が言いたいことを分かってくれた」と感謝されるのだといいます（[28]）。

パラフレイジングとは、話を聞いたらその要旨をまとめ、内容を変えずに言い換えることです。

その基本は、①言葉の角をとる、②誰それといった特定の名前をできるだけ一般の言葉に言い換える、③感情的でなく客観的表現に直す、の三つとされています（[42]）。

ここでパラフレイジングの例を一つ取り上げると、〈図表16〉のようになります。

〈図表16〉　パラフレイジングの例

話し手の話の内容	パラフレイジング
私がすぐ返事をしなかったら、Aさんが怒って、怒鳴ってきたのです。失礼じゃありませんか。しゃくに障ったので思わず本を投げ返したら、今度はAさんが殴りかかってきました。	つまり、お互い不愉快な態度を表し、それがエスカレートした、というわけですね。

レビン小林久子『調停者ハンドブック――調停の理念と技法』（信山社、1998）70頁より引用；表に改変

⑶　リフレイミング

リフレイミングも「言い換え」のミラーリングです。パラフレイジングと違う点は、リフレイミングでは、「調停者が当事者の発言を調停者なりに理解し、当事者が伝えたい意味（言葉ではない）をつかみ、それをより的確に、しかもポジティブで協調的な表現に言い直す作業が含まれており」、「当事者の不満や怒りを聞いたとき、調停者は当事者が何故それを口にするのか考え、それを頭の中で反転させ、否定でなく、肯定的な形に表現し直」すこととされています（[42]）。

リフレイミングの例を一つ取り上げると、〈図表17〉のようになります。

〈図表17〉　リフレイミングの例

話し手の話の内容	リフレイミング
この先どんなに苦労してもかまいません。離婚して、あの人から解放されたいと思います。子供もわかってくれて、離婚に賛成です。何とか私の人生を生きていきます。	ご自分の人生を築きたいと決心されたわけですね。

レビン小林・前掲74頁より引用；表に改変

第４節　当事者を理解する実践技術

ここでは、当事者を理解するために使っている私の"実践スキル"をご紹介します。

1　共感的理解

(1)　調停委員と共感的理解

調停委員の方々は、「共感的理解」に強い関心をもっています。その一方で、「共感的理解はどうすればよいか」がわからず、悩んでおられる方もたくさんいるように思います。

2019（令和元）年８月30日に福岡・小倉地区「令和元年度地区別研修会」で私が講演したとき、ある女性調停委員の方から「共感的理解」についての質問がありました。それは次のような内容でした。

> 当事者の主張に対して理解を示すことはできますが、なかなか自分の価値観というフィルターに邪魔されて、純粋に共感というところまで行きつかないもどかしさを感じます。
>
> 共感的理解の解釈の仕方を教えてください。自分の価値観は出さないように努力し、当事者の訴える感情に寄り添うようにしています。それが共感的理解ということでしょうか？

ここでは共感的理解をこころ掛けているが、自分の価値観が邪魔をしてなかなかうまくいかないもどかしさが語られています。では実際に、「共感的理解」とはどういうものでしょうか。

⑵　「共感的理解」とは

ソーシャルワークにおいては、共感的理解とは「クライエントがその状況において感じている感情をこころから解ること」で、それは「論理的理解や言語的理解とは異なり、思考において理解するのではなく、ワーカー自らの感情において積極的に『解ろうとする』ことである」と説明されています。

そこでは、クライエントは問題をもつことで、こころに葛藤を抱えていたり、混乱していたりします。この感情を「丁寧に共感的に理解し、理解していることをクライエントに伝えることが大切」で、「クライエントが『分かってもらっている、理解してもらっている』という確信をもつことは、情緒的混乱から抜け出すことを可能にしたり、その後の援助・支援の動機付けを強化することにつながる」とされています。

そして、そこにおいては、「クライエント当人の気持ちになりきろうとするのではなく、ワーカーとして『共感』することが重要で」、「クライエントやその状況に関する客観的な理解も忘れてはならないこ」と、「共感的に理解するべき感情とは、つらさ、苦しみ、悲しみ、怒りなどの否定的感情と、喜び、希望、楽しさなどの肯定的感情があ」るが、「特に援助・支援においては否定的感情が取り上げられることが多」く、「面接の中では、共感的理解はこのような感情を理解して、取り上げ、明確化し、反射するかたちで表される」と説明されています（[35]）。

ここからは、共感的理解とは当事者の話す気持ちを共感的に受け止めるだけでなく、そこで聞いていることを当事者に伝えるために、明確化や反射まで行っていくことがわかります。

⑶　共感の公式

では面接において、共感的理解は実際どのように示されるのでしょうか。

ソーシャルワークにおいては、以下のように説明されています（[35]）。

① クライエントの感情（気持ち）を理解して反射する。

「あなたは、（つらい・悲しい・苦しい・しんどい・腹が立つ・うれしい・自信がない・希望でいっぱい……）なのですね」

② 感情の原因となるようなクライエントの経験等を示して、クライエントの感情（気持ち）を理解して反射する。

「……ということがあったので、あなたは（つらい・悲しい・苦しい・しんどい・腹が立つ・うれしい・自信がない・希望でいっぱい……）なのですね」

③ 単純に表面的な感情を共感することからはじめ、だんだんより複雑で深い感情を共感できるようにする。

④ 共感するためには、ワーカー自身の経験とそれにまつわる感情を意識化し、思い出すことが重要。また、今この状況にいるクライエントの感情に思いを至らせ、共感できるように努力する。

ここまで、ソーシャルワークの視点から共感的理解について説明しました。しかし、それでもまだ「よくわからない」という方もおられるものと思います。私もその一人です。

私は共感的理解については、自分独自のスキルで行っています。それが、次に述べる「内的観点からの見方」による相手理解です。これは私が家庭裁判所調査官時代に、当事者を理解する方法として考え出したものです。

2 「内的観点」からの相手理解

(1) 内的観点と外的観点

心理学者Ｒ・ネルソン＝ジョーンズは、他の人の話に耳を傾け、他の人を理解するスキルは「外的観点」ではなく、「内的観点」から理解することにあると述べています。

「内的観点」というのは、「私についての私の見方」あるいは「あなたについてのあなたの見方」をいいます。

一方、「外的観点」というのは、「私についてのあなたの見方」あるいは「あなたについての私の見方」をいいます（[28]）。

私はこの内的観点と外的観点の見方がすぐ理解できるように、「ジョハリの窓」（対人関係における気づきの図解式モデル）にヒントを得て、以下のような図を考えました（[1]）。

〈図表18〉　内的観点と外的観点の見方の図

	私について	あなたについて
私の見方	私についての私の見方（内的観点）	あなたについての私の見方（外的観点）
あなたの見方	私についてのあなたの見方（外的観点）	あなたについてのあなたの見方（内的観点）

R・ネルソン＝ジョーンズ（相川充訳）『思いやりの人間関係スキル』（誠信書房、1993）111頁から作成

R・ネルソン＝ジョーンズは、内的観点からの見方について、「相手の内的観点から反応するということは、相手の立場から相手の見方を正確に理解していることを相手に示すことに他ならず、それは相手の用いている言葉で相手を理解していること」だと説明しています。

一方、外的観点からの見方については、「相手の立場ではなく、自分の立場、あるいは相手がかくあるべきだと考えたことを反映したやり方で反応するこ

と」だと述べています（[28]）。

(2) 内的観点と外的観点の見方の違い（参考例題）

内的観点と外的観点の見方の違いを実感していただくために、以下の文章を材料として考えてみたいと思います

かつて私は、数人の医師達が、これから非常に危険な手術を受けようとする一人の患者のベッドの傍らに立って、いろいろと話して聞かせているのを立聞きしたことがある。

医師たちの態度は穏やかで、やさしく、真面目なものであった。彼らはこの患者を安心させようとしており、「手術中は何も感じないのですよ。いい匂いのするガスを吸って眠りに入り、目が覚めた時は又元の気持ちのよいベッドに帰っているのですよ」と云って聞かせていた。私の見たところでは、彼女は不安に怯え切っていて、医者の云うことなんか全く耳に入っていない様子であった。

そこで、他の医者達がやって来て、更に強力に「何も心配することはありませんよ」と慰めていた。しかし、これも一向に効果がありそうに見えなかった。

丁度その時、偉い外科医が沢山のお供の医者を連れて、つかつかと入って来た。私は「さあ、今度は何が起こるだろうか」と固唾を呑んで見守った。しかし、彼は偉大なる外科医として恥かしからぬ振舞をした。彼は、そこに居合わせた連中を眼中にもおかず、真直ぐに患者のところに歩いて行った。そして、自己紹介をし、彼女と握手をして、「あなたは死なんばかりに怯えていますね」と云った。すると、彼女はわっと泣き出して、この外科医にしがみついた。外科医はやさしく彼女の肩を抱いてやった。彼は一言も語らず、立ったままであった。しかし、私はこの時ほど“沈黙の雄弁さ”をまざまざと目撃したことはなかった。

それから彼は必要なことだけをあらまし患者に話した。そして一分かそこらすると、彼女に微笑みかけながら、「明日の朝お目にかかりましょう」と云って立ち去った。ここに至って初めて、この患者は気分がほぐれて、他の医者

達の説明に耳を傾け、理解することができるようになった。

ブレイン・バード（池見酉次郎・中川哲也訳）『面接による患者心理の理解〈成人編幼児編〉』（診断と治療社、1960）29頁より引用

ここで多くの医師たちが行っていた説明（「外的観点からの見方」）と、偉い外科医の説明（「内的観点からの見方」）を、内的観点と外的観点の図に書き入れてみると次のようになります。

〈図表19〉　内的観点と外的観点の見方の違いの図（参考例題）

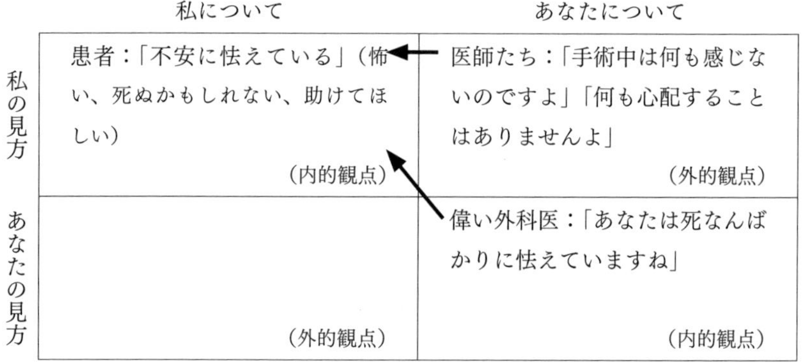

私について
あなたについて
私の見方
あなたの見方
患者：「不安に怯えている」（怖い、死ぬかもしれない、助けてほしい）
（内的観点）
医師たち：「手術中は何も感じないのですよ」「何も心配することはありませんよ」
（外的観点）
（外的観点）
偉い外科医：「あなたは死なんばかりに怯えていますね」
（内的観点）

患者は非常に危険な手術を前にして、不安に怯えています。ここでの患者の「私についての私の見方」（内的観点）は、「不安に怯えている」です。具体的には「怖い」、「死ぬかもしれない」、「助けてほしい」といった気持ちです。

その患者に対して医師たちが掛けた言葉は、「あなた（患者）についての私（医師）の見方」（外的観点）です。一方、偉い外科医が掛けた言葉は、「あなた（患者）についてのあなた（患者）の見方」（内的観点）です。

そこで患者は、偉い外科医が「私についての私の見方」（不安に怯えている）をわかってくれたことから、「わっと泣き出し」たものです。

(3) 「私、失敗しないので」

私は各地の調停委員研修会で、この参考例題を時々演習問題として取り上げ、「さあ、ここで偉い外科医は何と言ったでしょうか？」と参加者に尋ねています。

2018（平成30年）11月15日に開かれた川越調停協会「合同研修会」でもこの演習問題を出したところ、ある女性調停委員の方が「私、失敗しないので」と答えたため、会場は大爆笑に包まれました。テレビドラマ「ドクターX」の決めセリフが、ここで述べられたわけです。

しかし、ドクターXのこの決めセリフも、よく考えてみると「あながち間違いではない」と私には思えました。

なぜなら、ここで患者は「不安に怯えている」（怖い、死ぬかもしれない、助けてほしい）わけですが、ドクターXの「私、失敗しないので」は、「私は失敗しない医者よ」、「失敗しないので大丈夫」、「あなた、助けてほしいのね」と述べており、それはドクターXの「私についての私の見方」である一方、患者に対しては「あなたについてのあなたの見方」にもなっているからです。これを図で表すと、〈図表20〉のようになります。

〈図表20〉 ドクターXの言葉の図

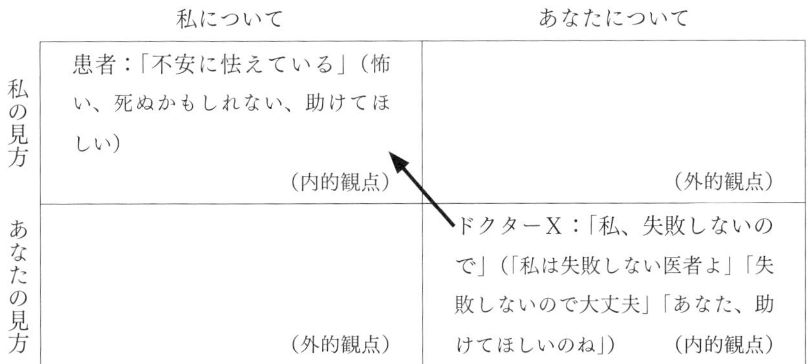

3　「内的観点」からの相手理解の本質

(1)　相手を「肯定する」

「内的観点」と「外的観点」について、ここであらためて整理してみましょう。まず「内的観点からの見方」とは、「相手の立場から、相手の見方を正確に理解していることを、相手に示すこと」で、「それは相手の用いている言葉で、相手を理解」することでした。

ここでは相手の気持ちを“言い当てる”のではなく、相手が感じている気持ちや思いをそのまま受け止め、次に、相手が用いている言葉を相手に返すことで、相手を理解していることを伝えていきます。

ここでは、最初に相手の「気持ちや思いをしっかり受け止める」(「あなたについてのあなたの見方」) ことが出発点になります。これは相手を“肯定”することになります。

ここで肯定された相手は、聞き手に対して「自分のことをわかってくれた」という気持ちになり、こころを開いていきます。そして、より一層こころの中にある気持ちや思いを語ってくれるようになります。

つまり、「内的観点からの見方」(相手理解) というのは、相手を肯定すると同時に相手のこころを開かせ、“相手に寄り添う”話の聴き方なのです。

それに対して「外的観点からの見方」(「あなたについての私の見方」) は、相手を“否定する”ことになります。

否定された相手は参考例題に見るように、聞き手に対して「納得できない思い」を抱いたりします (「何も知らないくせに」……等)。

(2)　内的観点は「実践的」共感的理解

私は一般に言われている「共感的理解」の説明には満足できず、私のオリジナルの「内的観点からの見方」で相手理解をしていると述べました。では、一般に言われている「共感的理解」と「内的観点からの見方」（相手理解）とでは、どこが、どう違うのでしょうか。

共感的理解とは、「クライエントがその状況において感じている感情を、こころから解ること」と先に説明しました。しかし、この「『こころから解る方法』が分らない」ため、調停委員の皆様の「共感的理解」はそこで足踏みをしてしまっているのです。

一方、私の「内的観点からの見方」（相手理解）は、相手の「私についての私の見方」をそのままこちらが受け止め、受け止めたものを「あなたについてのあなたの見方」として、「相手の言葉をそのまま相手に返していく」というものでした。

ですから、「内的観点からの見方」では、「相手がその状況において感じている感情」を「あなたについてのあなたの見方」として理解していることになります。これは、まさに「共感的理解」にほかなりません。

そして、「内的観点からの見方」（相手理解）の場合は、考え方や方法が具体的で、明確で、誰にでも簡単にできます。私の提唱する「内的観点からの見方」（相手理解）は応用範囲が広く、実際的でわかりやすく、しかも、高い傾聴効果が期待できます。

ですから、調停委員の皆様には、この「内的観点からの見方」（相手理解）を私はぜひお勧めします。

(3) 強いメッセージ性

では、この「内的観点からの見方」は、実際どれほどの効果が期待できるのでしょうか。

私がある大学の授業で学生にこの「内的観点からの見方」（相手理解）を説明したところ、ある女子学生が昔の自分のつらい体験を語ってくれました。

その学生は、「昔、たいへんつらかったときに、スクールカウンセラーから『よくこれまでがんばったね』と言われ、涙が止まらなかった」というものでした。

この女子学生の「私についての私の見方」（内的観点）と、スクールカウンセラーの言葉を「内的観点」と「外的観点」の図に書き入れてみると、〈図表21〉のようになります。

〈図表21〉　女子学生の体験の図

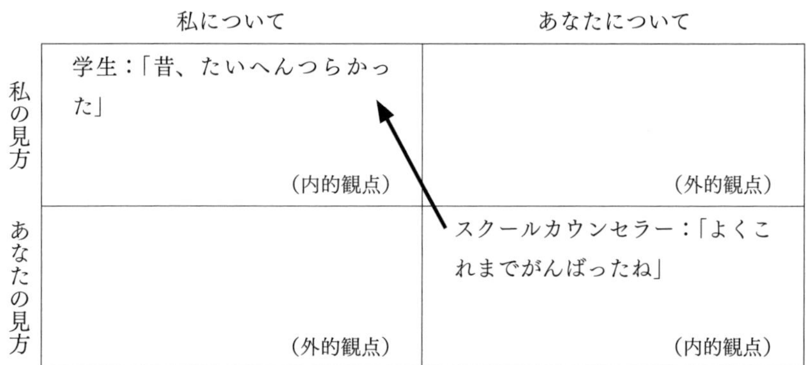

これをみてもわかるように、このスクールカウンセラーの言葉は、「あなたについてのあなたの見方」（内的観点）といえます。そして、この女子学生は、スクールカウンセラーの言葉をいつまでも忘れずに覚えています。

そればかりではありません。この女子学生は、「そして、私もいつかそのように声を掛けられる人間になろうと決め、福祉の道に進みました」と心境を語ってくれました。

私にもささやかな経験があります。それは50歳代の後半に、医師から「軽い脳梗塞があるようなので検査してみましょう」と言われたときです。

そのときは病気も心配でしたが、同時に「職場に迷惑をかけてしまう」ということもたいへん気になっていました。

そこで、家庭裁判所調査官室の岡部英樹上席主任調査官に事情を説明し、

「もし入院のときにはご迷惑をおかけします」と述べたところ、岡部上席主任は「何か手伝えることがあったら言って」と私に言ってくれました。

この一言は、「職場に迷惑をかけたら申し訳ない」という思いでいた私にとり、たいへんうれしい言葉でした。それは、私のこころにあった「仕事への懸念」を払拭してくれる言葉だったからです。

それから10年以上経過していますが、私はその言葉を今でも忘れないでいます。そして、それ以後何か困っている人を見かけた際には、「何か手伝えることがあったら言ってね」と私も言うようにしています。

それは、「私にとってうれしかった言葉は、他の人にとってもうれしいに違いない」という思いが私の中にあるからです。

⑷ 「がんばれ」が「励ましにならない」場合

日本では今、「がんばれ」という言葉があらゆる場所で使われています。しかし、その「がんばれ」が「外的観点」からの言葉になってしまい、実際には「励ましにならない」場合があります。

たとえば、ある本にこういう話がありました。ある末期ガンの患者さんに対して、「そんなこと言わずにがんばりましょうね」と言ったところ、その患者さんから「がんばる？ 何をがんばればいいのよ。手術もダメ、抗ガン剤もダメ。いったい何をどうしろっていうのよ」と言われたというものです([66])。

ここでは患者さんを励まそうとして「がんばれ」と言ったわけですが、この「がんばれ」は、すでにギリギリまでがんばっている人に対して“更なる努力”を求める言葉になっています。このような例はほかにもたくさんみることができます。

近年、地震や台風、洪水や土砂崩れ等さまざまな自然災害が毎年発生し、たくさんの被災者が生まれています。そういう被災者に対する「がんばれ」も、ガンの患者さんに対する言葉と同じように「外的観点」からの言葉になってしまうことがあります。

この説明を聞いた宮城県出身のある学生は、「10年前の東日本大震災のとき、テレビ等で『がんばれ』をたくさん聞いたが、『がんばれ』と言われても亡くなった人は帰ってこないし、つらかった事実は変わりません。でも、『一緒にがんばろう』と言ってくれたときのほうが、気持ちが楽でした」と述べ、「落ち込んでいる人やつらい気持ちになっているときに、『がんばれ』と言うのは違うとあらためてわかりました」と語ってくれました。

また、別の学生は、自分の部活での経験を語ってくれました。それは中学時代の話で、「部活でなかなか結果が出なかったとき、試合のときに『がんばれ』と応援されるのが、ひどくつらかった時期があった」というものでした。

病気と闘っている患者さんや被災した方々、あるいは生活面で思いどおりの結果になっていない人に対する「がんばれ」という励ましの言葉は、実際には話し手の意図とは“逆の効果”になってしまいます。

〈図表22〉「がんばれ」が逆効果になってしまう例

<table>
<tr><th></th><th>私について</th><th>あなたについて</th></tr>
<tr><td>私の見方</td><td>患者：「苦しい治療を続けてきた」←
「もう限界」「早く楽になりたい」
被災者：「これからどうしよう」←
「こころが折れそう」「後片付けの人手が欲しい」
学生：「結果が出ず、つらい」←
（内的観点）</td><td>声掛け：「がんばれ」
声掛け：「がんばって」
応援の声：「がんばれ」
（外的観点）</td></tr>
<tr><td>あなたの見方</td><td>（外的観点）</td><td>（内的観点）</td></tr>
</table>

その意味で「がんばれ」という言葉は、「外的観点」にもなり得る“要注意の言葉”といえます。ここで述べた事柄を図示すると、〈図表22〉のようになります。

⑸　高い学習効果

私が非常勤講師をしている二つの大学でも、私は「内的観点と外的観点」の見方を学生に教えています。また、学生には、調停委員研修会で取り上げている演習問題と同じ問題に取り組ませています。

すると、ほとんどの学生は、「内的観点と外的観点」の演習を楽しみながら学んでくれています。これら学生の意見・感想も調停委員の方々のご参考になると思いますので、いくつかご紹介します。

① 共感的理解については、これまでも言葉として学ぶ機会がありましたが、初めて具体的に知ることができました。

② 相手の気持ちをくみ取って返すことで、きちんと話を聞いてくれているという安心感と共感を示すことができるのだと理解できました。

③ 相談援助に求められるいちばん重要なことは、相手の気持ちに寄り添うことだと思う。演習問題は当事者理解につながり、相談援助をするうえで重要な視点を理解できた。

④ 演習問題を考えるのが楽しかったです。ソーシャルワーカーになるにあたり、他者の気持ちをくみ取り、寄り添いながら考えることは重要であると思います。言葉として表現されていなくても、元気のなさや表情から思いをくみ取る力は必要だと思います。

⑤ 演習では、声を掛ける相手がどういう気持ちなのかを考えることが大切であるとあらためて感じた。最後の結果を見るだけでなく、それまでどんな経過をたどってきたか、努力してきたかを考えるとよい声の掛け方ができるのではないかと思った。

⑥ 演習では、相手の気持ちを考えることができた。一人ひとり違うだけ

でなく、相手の中にも複数の感情があることを理解して、場面に応じた声掛けをすることが大切だとわかった。また、「相手の気持ちを理解しているよ」ということを伝えてあげることがいちばん重要なのだと実感した。

⑦　演習をする中で、共感的理解が大切なのだという話に納得できた。自分も中学の頃、不登校になりかけた友人の話を黙って聞き、何も意見せずに「しんどいね」といった共感でもって反応し、友人が立ち直ることができたことがあったので、とてもよく実感した。

⑧　私は長期間入院をしたとき、「なんで自分だけこんな思いをしなければいけないのだろう」とつらく苦しい思いを感じていた。そんな私に、主治医や看護師の方々は「がんばっているね、強いよ」と言葉を掛けてくれた。そのとき、初めて、「がんばれ」と言われるよりも「がんばっているね」と言われるほうが、自分のがんばりがわかってもらえている感じがして、うれしく思った。相手が苦しんでいるときやつらいと感じているとき、不安になっているときに、「大丈夫だよ」、「私（僕）がいるよ」、「きっとなんとかなるよ」などという言葉は、相手のことを考えているようで自分の見方からしか考えていない「外的観点」であるということに初めて気づくことができた。

第５節　内的観点からの相手理解の演習

ここからは演習問題（初級編と中級編）に入ります。チャレンジしてみてください。

1　内的観点の演習Ⅰ（初級編）

◇◇

(1)　浅田真央さんへの声掛け（演習問題１）

2014（平成26）年のソチ・オリンピックで、浅田真央選手がショート・プログラムで失敗したとき、森元首相が「あの子はいつもこうなんだから」と言って物議をかもしたことがありました。森元首相の言葉は、「あなたについての私の見方」（外的観点）です。

それでは、「あなたについてのあなたの見方」（内的観点）から浅田真央さんに声を掛けるとしたら、あなたはどんな声を掛けますか。

浅田さんの「私についての私の思い」（内的観点）を考え、次に、あなたの掛ける声を書きなさい。

浅田真央さんへの声掛けの図

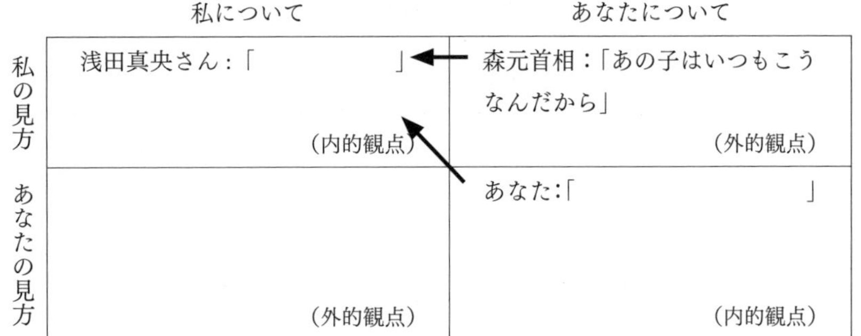

私について
あなたについて
私の見方
あなたの見方
浅田真央さん：「　　　　　　」
（内的観点）
森元首相：「あの子はいつもこうなんだから」
（外的観点）
（外的観点）
あなた：「　　　　　　　　」
（内的観点）

(2) 田中陽希（ようき）さんへの声掛け（演習問題２）

NHK テレビ「グレート・トラバース２」で、田中陽希（ようき）さんが長野県・飯縄山に登ったとき、何十キロもロードを歩いた末にヘトヘトになって登頂した際、山頂で待っていた男性登山者が「元気ないよ」と声を掛けました。

すると、田中さんは一瞬ムッとし、「『元気ないよ』と言われても……」とつぶやくシーンがありました。この山頂の男性登山者の言葉は、「あなたについての私の見方」（外的観点）といえます。

それでは、「あなたについてのあなたの見方」（内的観点）から田中陽希さんに声を掛けるとしたら、あなたはどんな声を掛けますか。

田中陽希さんの「私についての私の見方」（内的観点）を考え、次に、あなたの掛ける声を書きなさい。

田中陽希さんへの声掛けの図

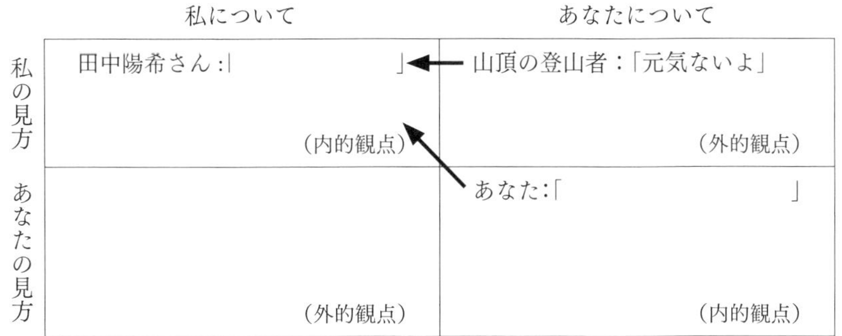

私について
あなたについて
私の見方
あなたの見方
田中陽希さん：「　　　　　　」
山頂の登山者：「元気ないよ」
（内的観点）
（外的観点）
あなた：「　　　　　　」
（外的観点）
（内的観点）

2　内的観点の演習Ⅱ（中級編）

◇◇

ここでは応用問題に取り組んでいただきます。私は調停委員研修会では新聞記事を使った演習問題を作成し、調停委員の皆様に楽しく学んでいただいています。

しかし、新聞記事を使った演習問題は、著作権（転載）が絡んで本書には掲載できにくいので、ここでは私が学生に実際に取り組ませている問題をご紹介します。

私はソーシャルワーカー（社会福祉士等）や教師等を目指す学生に、内的観点のトレーニングとして社会福祉士等の国家試験問題を取り上げ、その考え方を教えています。

(1)　妻への声掛け（演習問題３）

事例を読んで、Uがん診療連携拠点病院のＥ医療ソーシャルワーカー（社会福祉士）による応答として、適切なものを２つ選びなさい。

（事例）

Ｕがん診療連携拠点病院のＥ医療ソーシャルワーカーは、入院以来関わり続けて来た末期がん患者のＦさん（48歳、男性）の妻Ｇさんから次のような相談を受けた。

「夫も私も納得して、緩和ケアに変更して積極的な治療を行わないことを決めたのですが、もしかしたら明日効果的な薬が開発されるかもしれないし、果たしてその決断が正しかったのか、今後のことを考えると私は不安で仕方がありません。今の私は亡くなっていく夫を支えていく自信がありません」と話した。

1．「心配ですね。でも、Ｆさんはすぐに亡くなると決まった訳ではありませんよ」
2．「Ｇさんなら最後までＦさんに寄り添う力がありますよ」
3．「決断に迷いがあるのですね。そのお気持ちをもう少しお聞きしたいのですが」
4．「おつらいですね。Ｆさんを支えて行く手立てをご一緒に考えていきませんか」
5．「がんの最新の治療方法を調べてお教えしますね」

第33回（令和２年度）社会福祉士国家試験：「相談援助の理論と方法」問題108

⑵　女児の母親への声掛け（演習問題４）

事例を読んで、Ｋソーシャルワーカー（社会福祉士）の援助の初回面接における応答として、適切なものを２つ選びなさい。

（事例）

Ｘ小児がん拠点病院のＫソーシャルワーカーは医師からの依頼で、これからの治療や生活に対する支援実施のため、同院の血液腫瘍科で小児がんと告知された女児（３歳）の両親と面談することになった。面接の冒頭、目を真っ赤にした母親は、「先生から娘の病気の説明を受けましたが、現実味はありません。ただ、なぜと繰り返し考えてしまいます。私たちの娘はなぜ３歳でがんになったのですか。できることなら私が代わってあげたい」と訴えた。

1．「今は混乱しているでしょうが、そのうち冷静に考えることができますよ」
2．「同じ経験をされている方はたくさんいます。その方々と会ってみませんか」
3．「ご心配が募る中でも娘さんの病気に向き合おうと努めておられるのですね」
4．「今は治療も進歩しているので大丈夫。安心して治療に専念していきましょう」
5．「これからの治療や生活について、ご一緒に考えていきたいと思います」

第32回（令和元年度）社会福祉士国家試験：「相談援助の理論と方法」問題102

第6節　当事者をより深く理解するための視点

ここでは、当事者を深く理解する方法について考えてみたいと思います。

1　「ニーズ」の理解と明確化

(1)「ニーズ」とは

調停で調停委員は、当事者の真意や本音を探ろうと努めます。しかし、当事者の真意や本音をつかむのは容易ではありません。また、当事者の真意や本音を探っても、それが紛争の解決に結びつくとは限りません。

当事者の真意や本音より、「ニーズを知ることのほうが大事」と私は考えます。では、「ニーズ」とはいったいどういうものでしょうか。

ソーシャルワークにおいては、ニーズとは「身体的、心理的、経済的、文化的、社会的なもので、生存のため、ウェル・ビーイング（well-being）のため、あるいは、自己実現のために求められるもの」と説明されています。

具体的に言うと、ニーズには、食事、衣服、住むところ、健康、保健、安全、保護など「基本的かつ物理的なもの」や、「他者から自分を承認されたいという情緒的なもの」、あるいは「個人的な充実感を求めるもの」といった種類があります（[7]）。

また、ニーズの認識に関しては、クライエントの認識とソーシャルワーカーの認識との組合せにより、〈図表23〉のように四つの領域に区分けできるとされています（[7]）。

〈図表23〉 ニーズの認識

	ソーシャルワーカーは認識している	ソーシャルワーカーは認識していない
クライエントは認識している	クライエントもソーシャルワーカーも認識している課題、ニーズ	クライエントは認識しているが、ソーシャルワーカーは認識していない課題、ニーズ
クライエントは認識していない	クライエントは認識していないが、ソーシャルワーカーは認識している課題、ニーズ	クライエントもソーシャルワーカーも認識していない課題、ニーズ

社会福祉士養成講座編集委員会編集『相談援助の基盤と専門職〔第２版〕』(中央法規、2010）32頁より引用；一部改変

この図表をみると、ニーズには当事者が認識しているニーズのほかに、当事者が認識していない（認識できていない）ニーズがあることがわかります。これは、むしろ調停委員が気づくことができる（わかる）ニーズといえます。

調停では当事者のニーズを理解し、それに沿った解決を図ることが大切です。それができれば、調停の目的はある程度達せられると私は考えています。

(2) 「ニーズ」の明確化

当事者のニーズを解決していくには、ニーズを明確化することが必要です。一般に調停において、当事者は希望や要求のかたちで主張をしてくることが多いわけですが、それにこだわってしまうと当事者の主張に振り回されてしまいます。

ソーシャルワークでは、当事者とソーシャルワーカーの各々の（認識する）ニーズをとらえる視点として、根拠、根拠の性質、判断基準の三つがあげら

れています。それらの視点から調停での当事者と調停委員の（認識する）ニーズを図に整理すると、〈図表24〉のようになります。

調停では当事者の希望や要求を受け止める一方で、「当事者は何を大切に思っているのか」、「当事者は何を求め、それによって何を満たそうとしているのか」と、当事者のニーズを客観的にとらえていくことが大事です。

〈図表24〉 当事者のニーズをとらえる視点

	当事者の希望／要求	調停委員が認識するニーズ
根拠	希望・要求	道徳・価値
根拠の性質	主観的・内在的	客観的・外在的
判断基準	利害（快・善）	善悪（正・不正）

社会福祉士養成講座編集委員会編集『現代社会と福祉〔第３版〕』（中央法規出版、2013）155頁より引用：一部改変

2 「感情」と「価値観」の理解

当事者を深く理解するには、当事者の「感情」と「価値観」の理解も重要です。

(1) 「感情」の理解

「感情」を理解することは、当事者が「何を望んでいるか」を理解することです。先に、感情は個人の欲求状態を反映し、現在どのような欲求をもっているか、また、それが満たされているかを反映するものであると説明しました。

たとえば、当事者からみて「調停委員は自分の話をわかってくれていない」と思うと、当事者は同じ話を繰り返します。それでも「まだわかってもらえ

ていない」と思うと、当事者は声を大きくしたりします。これは、「私の話をわかってよ」と言いたいがためです。

怒りの感情は、典型的には自己の欲求が妨害されたときに起こる感情ですが、人間関係の中で経験される怒りは、「他者が人間関係のルールに違反したことを知ったときに経験される感情」で（たとえば、約束の時間に遅れる）、「怒りは通常相手を責めるなどの攻撃行動をともな」い、「それはルール違反をとがめ、相手がそうした行動を繰り返さないよううながす矯正的行動である」とされています（[32]）。

夫婦関係調整（離婚）事件では、夫婦の片方がいい加減な生活をしているため（たとえば、夫が生活費を入れない等）、真面目な生活を望む申立人（妻）が、不真面目な配偶者（夫）の生活態度をなんとか変えようとして調停の申立てをすることがあります。

ですから、調停の中で当事者が見せる感情は、当事者を理解するうえで欠かせない貴重な手がかりや重要な情報を与えてくれるものなのです。

⑵ 「価値観」の理解

新明解国語辞典（2019）によると、「価値観」とは、「そのものに、どういう価値（意義）を認めるかについての、それぞれの人の考え方」をいいます。

そして、この価値観を理解することは、当事者が「なぜそれを望むのか」を理解することになります。

ドイツの社会学者マックス・ウェーバーは、人の社会的行為を、①目的合理的行為（自分の目的を達成するために、条件や手段として利用するような行為）、②価値合理的行為（自分の独自の絶対的価値そのものへの、結果を度外視した意識的な信仰による行為）、③感情的行為（感情や気分による行為）、④伝統的行為（身についた習慣による行為）の四つに分類しました（[67]）。

ここで価値合理的行為を考えた場合、人は自分の価値観に合致する行動はとりますが、合致しない行動はとりません。たとえば、ビーガン（ピュア・

ベジタリアン）は、肉･魚介類のほか卵や乳製品等も食べないとされています。

そして、ビーガンの人と食事を共にした際、その人が肉や卵を食べないので、「肉や卵を食べないのは何か理由があるの？」と尋ねたとしたら、その人は「私、ビーガンなの」と答えるでしょう。

家事調停の当事者を理解するには、紛争の経緯（事実）はもちろん大事ですが、その行為や行動の背景にあるもの――つまり、その人の考えや価値観を聞いていくこともまた重要になります。

具体的には、「そうされたのは何か理由やお考えがあったのですか？」と尋ねてみるとよいと思います。そうすると、当事者は自分の行為や行動の背景にある考えや価値観を述べてくるものと思います。

3　観　察

当事者を深く理解するには、「観察」も重要な技術になります。

(1)　「観察」の重要性

ケースワークの父Ｆ・Ｐ・バイスティックは、「聴くことと観ることは一人の人間を学習する重要な方法である」と述べています（[39]）。では、観察はどのように行えばよいのでしょうか。

ソーシャルワークにおいては、訴える言葉のみに耳を傾けるのではなく、表情や態度などを観察し、それを通して主訴の背後にあるニーズや利用者の状態等を理解することが重要であるとされ、以下のようなことを観察する必要があるとされています（[33]）。

①　行動やしぐさや表情など、クライエントが非言語的に表すメッセージ

②　会話の流れ、話の一貫性のなさや前に語ったこととのギャップ、繰り返し述べられること、一番初めに語られたことと終わりに語られたこと

など、クライエントが面接における会話のなかで無意識に示していることの意味

③　ある言葉によってクライエントが連想すること

④　クライエントがストレスや葛藤を感じるポイント

そして、堂々巡りや繰り返し、一貫性のなさなどはクライエントが会話のなかで無意識に示していることであり、これらについては注意深く感知し、その意味を考えつつ対処する必要があること、また観察においてはワーカー自身の解釈の仕方をつねに自覚しておく必要があり、先入観や予断を排除し、できる限り客観的にクライエントやその環境について観察できるように努め、一方的に決めつけないように留意することとされています。

裁判所の調停実務においては、観察は調停技術として語られることはほとんどありません。しかし、観察は当事者を理解する“重要な方法”です。そこでは、当事者の非言語的メッセージをしっかり受け止め、それを読み解いていくことが求められます。

⑵　「観察」による当事者理解

フランスの心理療法家イザベル・ナザル＝アガは、身体は精神からのメッセージを受け止め、苦痛を表すことによって私たちに警告を与えてくるが、身体が何を語っているかを理解するには、身体に表れた苦痛が何を意味するのかを解読する必要があると述べています。

そして、身体は精神的な傷も感知し、「精神的な傷とは、不安や恐れ、罪悪感、悲しみ、失望、憂うつさ、怒りなど、否定的な感情のことで」、精神の苦痛が長く続くと、それらはストレスのサインとして表れると説明しています。

そのうえで、ストレス症状は、①精神的な症状（疲労、倦怠、憂うつ、いら立ちなど）、②身体的な症状（不眠、消化の障害、頭痛、乾癬、筋肉のこり、ホルモン異常など）、③行動上の症状（煙草やアルコールの摂取量の増加、過食症、

神経過敏など)、④仕事上の症状（やる気の喪失、注意力が散漫になる、記憶の障害、能率が落ちる、失敗が増えるなど）になって表れると説明しています([68])。

家事事件の当事者の中には、たとえば夫からDV被害を受けている人など配偶者との生活で神経をすり減らしている人や、大きなストレスを抱えている人が少なくありません。

そのような当事者は、置かれている状況が過酷であればあるほど、自分の状況や立場や気持ち・思い等を調停の席でうまく言葉にして説明することができません。

そのような当事者について深く理解していくには、その当事者の出す非言語的メッセージをしっかり感知し、その意味を解釈・理解しなければなりません。

その意味で、大きなストレス下にある当事者のケースを担当する場合は、観察による当事者理解がよりいっそう重要になってくるように思います。

第7節　人間関係調整の実践技術

1 「人間関係調整」とは

◇◇

(1) 家事調停事件と「人間関係調整」

家事調停には、司法的機能と人間関係調整機能があるといわれています。梶村太市弁護士（元判事）は、人間関係調整機能として、①心理的調整（情緒的に混乱している当事者等に対して働きかけ、理性的な状態で自己決定できるように援助すること）、②社会的調整（社会的不適応状態にある当事者等に対し、有益な社会資源に関する情報を斡旋するなどして、当事者が社会適応状態で自己決定できるように援助すること）、③経験的調整（生活経験の不足や偏りなど経験的不適応状態のある当事者に対して、常識的な観点から一般情報を提供するなどして、当事者が経験適応的な状態で自己決定できるように援助すること）、④法的利害の調整（法律の専門家が、法律的な観点からみて正当な自己決定ができるように援助すること）の四つを挙げています（[69]）。

また、東京家庭裁判所科学調査官室が、当事者に対してカウンセリング技法を活用して心理的調整を行うのは、「情緒の混乱や感情の葛藤の著しい当事者に対し、それらを緩和して自己洞察力を回復させ、理性的状態で調停手続に参加できるように援助する」ことが目的とされ、そこでは次のような当事者や状況が対象とされています（[70]）。

① 当事者の情緒の混乱や感情の葛藤が激しく、調停の席上関係者の発言を冷静に聞く状態にないもの

② 当事者の主張が矛盾したり、明確に理解できない状況にあり、その基

底に表面には出ない原因があるように推測されるもの

③　当事者がその意向を言いそびれたり、十分表現できない状況にあり、何か深刻な問題が心の奥底にあるように予測されるもの

④　当事者双方の意向がかみ合わなかったり、感情の行き違いなどで意思の疎通がうまくいかないもの。

しかし、カウンセリングを用いた人間関係調整は、現在の家事調停ではあまり行われていません。私は家事調停の人間関係調整については、できる範囲で行うのがよいと考えています。では、その場合、人間関係調整とは何をどのように行えばよいのでしょうか。

(2)「人間関係調整」の難しさ

調停委員の多くは、人間関係調整の必要性と重要性に気づいています。気づいてはいるものの、「では、実際にどうすればよいか」ということになると、わからないのです。

たとえば、関岡直樹元水戸家庭裁判所調停委員は人間関係調整機能について、「本や参考資料が少ないうえ、『傾聴』『調停技法』といった言葉や表現で止まってしまっていて、現場では役に立たない」こと、「人間関係調整機能は正解が複数ある世界だから、人間関係調整機能に役立つ資料が作りにくい」こと、「人間関係調整機能は、司法的機能とは対照的に言葉が発達して」おらず、「人間関係調整機能に関する資料がもっと充実し、人間関係調整機能の研修が全国的に繰り返し行われることが必要である」と述べています([71])。

結局人間関係調整（機能）については、その必要性や重要性は誰もが理解していながら、その具体的な方法については、家事調停も、調停委員も、誰も「何をどうしたらいいのか」よくわからないでいるのです。

では、実際に、人間関係調整とは何をどうすることなのでしょうか。

2　人間関係調整の技術

(1)「怒り」への対処

私の考えでは、人間関係調整の一つは、当事者のもつ「怒り」への対処です。怒りは人間のもつ基本感情の一つですが、怒りは「他の感情を覆い隠す感情」とされ、「人は怒りにしか気づいていない」のだといいます。

また、怒りの底には、「心配、恐怖、落胆、罪悪感、恥ずかしさなどの感情があり、それが怒りを引き起こす」とされています（[72]）。

そして、怒りは敵意と攻撃性を生んで人を傷つけ、「怒りは、他の人を無理やり変えようとして使われることが多いため、人は傷つかないように自己防衛を始める」こと、また、「怒りは人間関係における寛容さと柔軟性を奪い」、「怒りを伴った関係は、警戒と恐怖の雰囲気を生む」ため、「怒っている人のエネルギーは、理解し合い、問題を解決するのではなく、壁を作ることに使われていく」といいます（[72]）。

また、精神科医エリザベス・キューブラー・ロスは、人間は恐れの扱いよりも怒りの扱いのほうに慣れているため、「夫は妻に『きみが出ていくのが怖いんだ』というよりは『きみに腹を立てている』というほうが言いやすい」こと、「都合が悪いことが起こっているとき、『ぼくはだめな人間ではないかと恐れている』と認めるよりは、怒ったほうが楽なのだ」と述べ、処理されない恐れは怒りに転嫁すること、そのため「怒りを手放せば手放すほど、それだけ相手や自分を許す余裕が生まれる」と説明しています（[73]）。

ですから、当事者のもつ怒りに注目し、それに対処することが調停では欠かせません。つまり、人間関係調整を考える場合には、「怒りへの対処」ということが重要な課題になるのです。

⑵ 「感情」への対処

人間関係調整の二つめは、「感情」への対処です。ハーバード流交渉術では、感情について、「感情はパワフルで、常に存在し、扱いが難しい」とし、感情が先行すると、満足のいく合意に達するという当初の交渉の目的を忘れて、自分を守り交渉相手を攻撃することだけに気が移ってしまいがちで、そのため「感情は人間関係を傷つける」と述べています（[20]）。

感情にはポジティブな感情とネガティブな感情があります。では、交渉の場において、ポジティブな感情とネガティブな感情はどのような違いを生むのでしょうか。

ハーバード流交渉術では、すべての交渉の基礎には「交渉の要素」というものがあり、それは交渉がうまくいかなくなる場合の要素とされています。

具体的には、関係、コミュニケーション、関心利益、交渉オプション、正当性、BATNA（代替案）、コミットメント（合意内容、約束、義務）がそれにあたります。

そして、たとえば「関係」についてみると、ネガティブな感情の場合は「不信感に満ちた関係」になりますが、ポジティブな感情では「協調的な関係」になります。

また、「コミュニケーション」においては、ネガティブな感情では「一方向的あるいは対立的なコミュニケーション」になりますが、ポジティブな感情では「解放的で、リラックスし、双方向的なコミュニケーション」になります。

また、「関心利益」においては、ネガティブな感情では「法外な要求、頑固一点張り、自己主張」が見られますが、ポジティブな感情では「双方の関心や欲求に耳を傾け、知ろうとする」姿勢になります（[20]）。

これらを見てもわかるように、ネガティブな感情からは協調的な態度や姿勢、あるいは譲歩といったものは生まれません。反対に、ポジティブな感情になると、人間は相手に対してこころを開き、建設的で協調的な姿勢に変わるのです。

ですから、人間関係調整の二つめは、「感情への対処」ということになります。実際ハーバード流交渉術では、相手に対してポジティブな感情をもつことによる利点として、以下のようなことをあげています（[20]）。

①　交渉の実質的な関心利益を満たすことが容易になる。

交渉相手に対してポジティブな感情をもつことで、恐れと疑いが減り、関係が敵対的なものから協力的なものへと変化する。協力して問題に取り組むにつれて、警戒心も薄れていくようになる。

②　ポジティブな感情は人間関係を向上させる。

③　ポジティブな感情が生じても、人に利用される危険性が増えるわけではない。

3　当事者をエンパワーする技術

(1)「エンパワメント」とは

当事者の中には夫婦関係で悩んでいたり、子どもをめぐって配偶者と熾烈な争いをしていたりして、抱えている問題や紛争に疲れ果てている人がいます。

そのような当事者に調停でしっかり話をしてもらうには、当事者を励ましたり、肯定的評価をしたりして、当事者をエンパワーする必要があります。そこで最後に、エンパワーについてのご説明をします。

エンパワー（正式にはエンパワメント）とは、「もっている力を引き出す、発揮する」ことで、そこから「人々に夢や希望を与え、勇気づけ、人が本来もっているすばらしい、生きる力を湧き出させること」をいいます。

(2)　エンパワメントの理論的背景

エンパワメントの理論的背景には、誰かのために生きたいという「共生の欲求」があり、共生の欲求は「自己実現の欲求」の発展形とされ、それは「自分の存在の意味は、自分だけが満足する閉じた世界では得られず、誰かのために存在することで、確固とした自分の存在の意味が見いだせる」というものです（〈図表25〉参照）。

〈図表25〉　エンパワメントの位置づけ

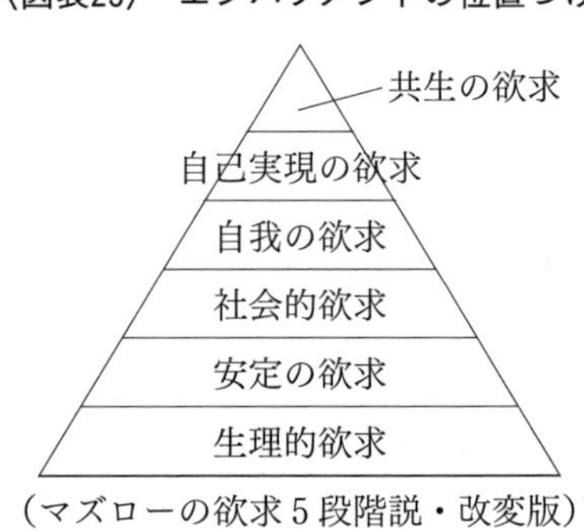

（マズローの欲求５段階説・改変版）

高山忠雄監修・安梅勅江＝芳香会社会福祉研究所編著『いのちの輝きに寄り添うエンパワメント科学』（北大路書房、2014）５頁から引用

エンパワメントには以下のような原則があり、これらは「当事者主体」の原則と呼ばれています（[74]）。

①　目標を当事者が選択する。

②　主導権と決定権を当事者がもつ。

③　問題点と解決策を当事者が考える。

④　新たな学びと、より力をつける機会として当事者が失敗や成功を分析する。

⑤　行動変容のために内的な強化因子を当事者とサポーターの両者で発見し、それを増強する。

⑥　問題解決の過程に当事者の参加を促し、個人の責任を高める。

⑦　問題解決の過程を支えるネットワークと資源を充実させる。

⑧　当事者のより良い状態（目標の達成やウェルビーイングなど）に対する意欲を高める。

これらの原則は、調停での当事者主体の話合いの原則とも重なる部分が多いことがわかります。

また、エンパワメントにおいては、以下の必須条件がすべて揃うことが重要とされています（[74]）。

①　希望……希望につながるゴールが見えること

②　信念……自分にはゴールに向かう力があると信じられること

自己効力感や組織効力感（外界の事柄に対し、自分あるいは組織が何らかの働きかけをすることが可能であるという感覚）がもてること

③　意味……ゴールに挑む自分とその努力への意味づけができること

反対に、この三つを失うと人はパワーレスの状態に陥り、パワーレスの状態とは、「私には何もできない、存在する価値がない」などと思い込むことで、たとえば、周りに人がいるにもかかわらず無視される“社会的無視”は、希望、効力感、努力への意味づけを著しく損なう刃となると説明されています。

調停での調停委員の役割は、当事者が希望につながるゴールが見えるように取り計らい、当事者の自己肯定感や自己効力感をエンパワーしながら、当事者に自らの問題解決の主体となってもらい、そして、当事者の人生の方向を当事者自身に決めてもらうことにあります。

そこで、人間関係調整の三つめは、「当事者をエンパワーする」ということになります。

⑶　首尾一貫感覚（SOC）とエンパワー

保健医療の分野では今、家族が困難を乗り越える場合、そこでの「首尾一貫感覚」というものが重要視されています。

首尾一貫感覚は英語では Sense of Coherence（SOC）と言いますが、この SOC は「自分の生きている世界は首尾一貫している」という感覚のことをいいます。

その中身は三つの感覚で構成されており、一番目は、自分の置かれている状況が把握できることで、今後の状況がある程度予測できるという把握可能感＝「わかる感」です。

二番目は、何とかなる、何とかやっていけるという処理可能感＝「できる感」です。三番目は、ストレスに対処することや日々の営みに意味ややりがいを見出せる有意味感＝「やるぞ感」です。この三つの感覚が、首尾一貫感覚の中心にあるといいます（[75]）。

この首尾一貫感覚（SOC）は、ユダヤ人でアメリカの健康社会学者のアントノフスキーが提唱したもので、若いころユダヤ人強制収容所に収容され、過酷な生活をした女性について調査したところ、多くの方は精神的にいろいろ病んでいることが多かったのですが、更年期になっても 3 割の人が心身の健康を良好に保ったばかりか、その経験を人間的な成長や成熟の糧にして、明るく前向きに生きていたことが判明したのだそうです。

そこでアントノフスキーは、こうした人々に共通するものは一体何かということでインタビュー調査をした結果、健康を維持していた中心にこの首尾一貫感覚（SOC）があることがわかったというのです。

アントノフスキーの定義によれば、首尾一貫感覚（SOC）とは、「その人に侵みわたる、動的ではあるが持続的な三つの確信（confidence）の感覚の定義によって表現される、その人の生活世界全般への志向性（orientation）」のことで、三つの確信の感覚とは、①自分が置かれている状況や、将来起こるであろう状況をある程度理解できる把握可能感（sence of comprehensibility）、②どんな困難な出来事でも自分で切り抜けられるという感覚や、何とかなるという処理可能感（sence of manageability）、③自分の人生・生活に対して、意味があると同時に価値観を持ち合わせている感覚である有意味感（meaningfulness）を意味します（[76]）。

この首尾一貫感覚（SOC）は、保健医療の分野で現在盛んに研究されたり、進められたりしています。離婚問題でも、この首尾一貫感覚が重要になるのではないかと私は考えています。

作家井上ひさし氏は、離婚したときの気持ちについて、「自分が過ごしてきた22～23年間がすぽーんとなくなる。その恐ろしさ。結婚した直後から、ひとりぼっちでいる今の自分までの時間が、ぴたっとくっついて、間の人生がなくなった心細さというか、恐ろしさはすごかったですよ」と語っていますが（[77]）、これはまさに「首尾一貫感覚を喪失することの恐ろしさを語っている」と私は思いました。

今親権をめぐる争いや面会交流事件等、子どもが関係する事件が解決困難な事件となっていますが、それらの事件の中には、結婚生活や子どもと過ごした生活の日々への、また子どもと会えなくなってしまうことへの、首尾一貫感覚（SOC）の喪失に対する恐怖心が含まれているのではないか、と私は推測しています。

そうだとしたら、それらの事件の解決を図るには、それに対する“手当て”が――つまり、家族・親子としての首尾一貫感覚（SOC）を保証してあげることが必要になるのではないか、と私は思います。

⑷　面会交流事件と当事者のエンパワー

そこで、次に面会交流事件を例に取り上げ、当事者をエンパワーしていくやり方を考えてみたいと思います。

まず、目標として首尾一貫感覚（SOC）の向上・強化を掲げます。それは、強い首尾一貫感覚（SOC）をもつ人は、「絶えず生じている世の中の変化に対して、新たな意味を見出すことで、世の中に柔軟に適応することができる人を指し、この適応の核に有意味感があると考えられ」ているからです（[78]）。

研究によると、首尾一貫感覚（SOC）が高いと、家族は大きなストレスにさらされてもストレスにやられずに済むといいます。そこで、「わかる感」「できる感」「やるぞ感」を磨くと、困難を乗り越える力が飛躍的に高まるとされています。

そして、この首尾一貫感覚（SOC）を高める方法としてはコミュニケーションをもつこととされ、具体的には説明を受けることでわかる感、把握可能感が成立します。

次に、できる感には周囲のサポートが必要になります。そして、最後に、やるぞ感を引き出して維持していくことになります（[75]）。

ところで、家事調停においては、実際これに近いことをやっています。どういうことかというと、面会交流事件においては、当事者に面会交流のパンフレットを渡したり、面会交流のDVDを視聴させたり、動画を配信したりしています。

これらは面会交流についてあまり詳しくない当事者に、パンフレットやDVDや動画により面会交流についてわかるように解説しており、それにより当事者のこころの中に「わかる感」が生まれます。

次に、「できる感」は周囲のサポートのことですが、これも家事調停では実際にやっています。たとえば、児童室等を使って試行的面会交流を実施したりして、面会交流が実現できるようにサポートしています。また、最近は面会交流をサポートする民間団体もできており、その実施に向けてのサポートをしてくれたりします。

そういうことで最初は面会交流ができるかどうかわからなかったものが、試行的面会交流の実施等により当事者間に「できる感」や「処理可能感」が生まれ、それが次のステップにつながっていきます。

最後に「やるぞ感」を引き出すことですが、面会交流がうまくできたときには皆で喜んで肯定的フィードバックを行い、当事者に成功体験を積んでもらうようにします。

このような成功体験の積み重ねから当事者間に信頼関係が生まれ、やがて面会交流が安定的、継続的に実施できるようになります。

ですから、試行的面会交流でも民間団体のサポートを受けての面会交流でも構いませんが、面会交流がうまくできたときには、「よかったね」と皆で誉めてあげることが大事になります。

このように首尾一貫感覚（SOC）の視点から面会交流を考えてみると、家事調停で行われている試行的面会交流の意味や役割が、よく理解できるように思います。

面会交流事件においては具体的な目標を定め、親が子どもを喪失してしまうことへの心配や怖さに配慮し、当事者には「別れても大丈夫なんですよ」、「面会交流ができるんですよ」と親子関係の将来が見えるようにしてあげることが、面会交流事件を解決する一つの方策ではないかと私は考えています。

第4章

研修会での質問等への
アドバイス

1　私と調停委員研修会

(1)　研修会の講師

私は2004（平成16）年7月に拙著『こころを読む　実践家事調停学』（初版）を著わしてから、調停委員の研修会の講師依頼が少しずつくるようになりました。講師依頼がきたときは、自分の勉強の機会にもなるので、私は引き受けるようにしていました。

私が講師を務めた研修会は〈図表26〉のとおりです。この中には調停協会主催や調停委員関係団体の主催でない研修会も入っていますが、それは私が今までどのような研修会で講師をしてきたかをご紹介するためです。

また、講演のタイトルを見ると、調停委員の方々はどんな事柄に興味や関心をもち、何を学びたがっているのかが理解でき、読者の皆様にもご参考になるのではないかと思います。

〈図表26〉　私が講演した調停委員研修会

＊＝調停委員以外の研修会

日時（会場）	研修会名（主催者）	参加者	講演のタイトル
2007（平成19）年7月21日（八王子市生涯学習センター）	合同勉強会（東京家裁八王子支部・四木会・ゆりの会）	四木会・ゆりの会の会員ほか	当事者の納得に向けた調停の進め方
2008（平成20）年6月28～29日（山口県婦人教育文化会館・カリエンテ山口）	「実践家事調停学・読者の会」（山口ADR研究会）	山口・福岡・小倉・松山・高知の調停委員	当事者の納得に向けた調停の進め方
2011（平成23）年9月21日（早稲田大学法学学術院・教室）	＊メディエーション授業（早稲田大学法学学術院・和田仁孝教授）	法学学術院学生	事実のとらえ方と話の聴き方

2011（平成23）年11月3日（早稲田大学法学学術院・第一会議室）	＊2011年度会員研修（日本医療メディエーター協会）	日本医療メディエーター協会・会員	対応のむずかしい当事者・患者の理解と接し方
2012（平成24）年12月8日（日本出版クラブ会館）	＊第23回定例研究会（家族法・戸籍制度研究会）	家族法・戸籍制度研究会・会員	「家事調停論再考」——家事調停の特徴とその構造——［戸籍時報696号（特別増刊号）に掲載］
2015（平成27）年2月13日（京都家庭裁判所）	自主研修会（京都家事調停協会）	家事調停委員	実践家事調停学——家事調停委員に求められるもの——
2015（平成27）年6月20日（東京・帝国劇場8F・日本倶楽部大会議室）	平成27年度講義（東京家事調停協会・相続問題研究会）	相続問題研究会員	実践家事調停学——家事調停の基本技術——［調停時報196号に掲載］
2016（平成28）年9月16日（東京・弁護士会館）	＊定例研修会（東京弁護士会・家族法部会）	家族法部会員（東京家裁家事調停委員含む）	離婚調停の技術——当事者理解と話の聴き方——
2017（平成29）年6月16日（相模原市・杜のホールはしもと）	自主勉強会（相模原調停協会）	民事・家事調停委員	実践家事調停学——当事者理解と話の聴き方——
2017（平成29）年9月28日（長崎市・メルカつきまち）	合同研修会（長崎調停協会連合会）	民事・家事調停委員	今、調停委員に求められるもの——当事者理解と話の聴き方——［調停時報199号に掲載］
2018（平成30）年11月15日（川越市・北公民館）	合同研修会（川越調停協会）	民事・家事調停委員	実践家事調停学——調停委員の基本姿勢と実践技術——
2019（令和元）年8月30日（福岡家庭裁判所小倉支部）	令和元年度地区別研修会（小倉調停協会）	民事・家事調停委員	調停委員の基本姿勢と実践技術

2019（令和元）年12月７日（広島県弁護士会館）	合同研修会（広島家事調停協会連合会・広島家事調停協会共催）	家事調停委員	“当事者に寄り添う”調停委員の基本姿勢と実践技術
2021（令和３）年11月５日（宇部市・多世代ふれあいセンター）	指定講習会（山口調停協会連合会）	民事・家事調停委員	“当事者に寄り添う”調停委員の基本姿勢と実践技術

⑵　山口 ADR 研究会の研修会

これらはどれも印象深い研修でしたが、なかでも特に印象に残っているのが、2008（平成20）年６月28〜29日の山口 ADR 研究会主催の「『実践家事調停学・読者の会』の研修会」です。

山口 ADR 研究会では私の講演を「３年間待ち望んでいた」とのことで、私にとってはたいへん名誉なことであり、うれしい講演の依頼でした。

そのため、私はあらかじめ講師に対する希望や要望をお聞きしたところ、以下のような声が寄せられました。

・家事調停の経験１年程度で本を出版されたのは、何か調停に取り組む姿勢で特別のことをされていたからか？　どんな問題意識をもって調停に臨まれたのか？（匠の技を教えてほしい）
・普遍的な調停の進め方、技法があれば、教えてほしい。
・実践に即した説得技法。
・当事者が納得して話合いできる、調停進行のための心得、技術。
・真っ向から対立している当事者、精神的に理解し難い当事者への接し方、調停の進め方。

これを見て、私は山口 ADR 研究会の皆様の学習・向上意欲の高さに圧倒されるとともに、非常に緊張しました。

この研修会は、同年６月28日㈯午後（13：00〜17：00）〜29日㈰昼（8：30〜

12：30）までの1泊2日、合計8時間の長丁場の研修会でした。一介の家庭裁判所調査官に過ぎない私がこのような大役を任されたわけですから、講演の準備にはたいへん神経を使いました。

自宅で何回もリハーサルを重ね、時間の割振りも綿密に行い、準備に数カ月かけました。このときはほんとうに準備がたいへんでした。そして、講演が終わりアンケート結果をみると、皆様にたいへん好評だったので私も安堵いたしました。

このとき驚いたことがあります。それは、そのころブームになりかけていたADRについての研究会が山口にはできており、その研修会に福岡、小倉、松山、高知等近県各地から大勢の調停委員が駆けつけてきたことです。

東京近辺ではまだADRへの関心がそれほど高くなかったので、西日本の調停委員の皆さんの意識の高さを感じました。

私の講演歴をみてもわかるように、私への講演依頼は、京都、長崎、小倉、広島、山口等西日本の調停協会が多くを占めています。

⑶　私の講演のやり方

私は講演を重ねるにつれ、「こうすれば調停技術のレベルアップが図れる」というコツが次第にわかってきました。そこで講演の機会を最大限活用し、調停委員の皆様の知識・技術・態度のレベルアップを図ることを考えました。

それが、これから述べる私の講演のやり方です。そして、講演後のアンケート結果を見る限り、ほとんどの調停委員の皆様が調停実務で役立つ知識・技術・態度をしっかり学んでくれているのがわかりました。

私の講演は依頼を受けたときからスタートします。講演内容と進行のシナリオを考え、研修会の1カ月前に講演のレジュメと資料を研修担当の調停委員に送付します。そして、参加予定者にあらかじめ配ってもらいます。

私の講演では、参加予定者が研修の前に、あらかじめ私のレジュメと資料に目を通すことから始まります。資料の中には演習問題と宿題も入れ、演習問題と宿題には事前に取り組んでもらうようにしています。

そうすると、研修会当日にレジュメや資料を一から読んでもらう必要がないので、研修を効率的に進めることができます。一方、調停委員の皆様はあらかじめレジュメ・資料に目を通すことで、私の講演の内容をしっかり理解することができます。

私が予習に力を入れているのは、研修に対する私の考えがあるためです。私は家庭裁判所調査官時代研修会やケース研究会、勉強会等に何百回も参加しましたが、学習効果はあまり感じませんでした。

「なぜだろう」と考えたとき、あるとき「研修会やケース研究会の場で学ぼうとする姿勢がいけない」ことに気づきました。研修会やケース研究会で学ぼうとしても、それでは実際には何も学べないことがわかったのです。

そこで、研修会やケース研究会は“本番”と考え、予習中心の学習に切り替えました。そうしたところ、研修会やケース研究会が“学びの場”として機能するようになったのです。

高校野球でいえば、甲子園は本番であり、日ごろの練習の成果を発揮する場です。誰も甲子園を「練習の場」とは考えないでしょう。

それと同じで、研修会やケース研究会は高校野球でいえば“甲子園”であり、そこは本番で、自分が実務で学んだ事柄や自分の力量を確かめていく場なのです。

そして、“甲子園”を本番と考えると、「日ごろから学習していないとそこでは何も学べない」ということに気づきました。研修会での学びについて、そこのところを私は勘違いしていました。

そこで調停委員の皆様にも、私と同じやり方で予習中心に学んでもらおうと考えた次第です。

(4)　研修会での大失敗

私がこのような講演の仕方を始めたのは、2015（平成27）年２月13日の京都家事調停協会での研修会からでした。

京都の研修会では、事前にレジュメと資料に加え私が著わした論文をいくつか送り、参加予定者に配ってもらって、あらかじめ目を通しておいてもらうようにお願いしました。

そのとき私が京都の調停委員の皆様にお送りした拙稿は、以下のようなものです。

・「アクティブ・リスニングとはどういうものか――自主交渉援助型調停の背景にあるもの――」仲裁 ADR 法学会「仲裁と ADR」6巻（2011）

・「調停技術の学び方(1)〜(5)――私のメタ調停技術論」日本商事仲裁協会「JCA ジャーナル」59巻6号〜10号（2012）

・「私の提案　『三段跳び箱』というツールによる事実確認と問題行動の理解」ほんの森出版「月刊学校教育相談」2012年11月号

そして、研修会の当日、京都の調停委員の皆様は事前にレジュメと資料と拙稿をお読みになり、研修会に参加してくれているものと思っていました。

ところが、研修会場に入ってみると、最初にお聞きした参加人数よりかなり少ない参加者でした。私はあっけにとられるとともに、ショックを受けました。

そして、「なぜ参加者が少なかったのか」、研修会終了後のアンケートでその理由がわかったのです。

ある調停委員の方が「今回の研修を企画した後、『演題は自分の役に立ちそうなので受講したいと思っているが、前勉強の資料が多過ぎて読んでいる時間がないため、できないので、今回は遠慮します』とお話された調停委員が多かったのが、残念でした」と書いていました。

調停委員の皆様のご参考になるものと思って送った拙稿が、調停委員の方々にとっては過重負担となり、研修参加に二の足を踏ませてしまったのです。このときは、「ほんとうにバカなことをした」と反省しました。

この苦い経験から私は一つの教訓を得ました。それは、研修会(講演)は「調停委員の皆様にとって、取り組みやすいものでなければならない」ということです。

それ以降、事前に拙稿を送りつけるという“暴挙”はやめました。その代わりに、調停委員の皆様には調停時報掲載の拙稿――「実践家事調停学――家事調停の基本技術――」（調停時報196号）と「今、調停委員に求められるもの――当事者理解と話の聴き方――」（同199号）を読んでいただくことにしました。

そうしたところ、多くの調停委員の皆様から、「あらかじめ調停時報を読んでいたので、講演の話がよく理解できた」という声をいただくようになりました。

⑸　実践的研修の取組み

私の講演スタイルは、事前にレジュメと資料と演習問題と宿題をお配りし、調停委員の皆様に目を通していただき、また、演習問題と宿題には取り組んでもらうというものです。

そうすると、調停委員の皆様は予習で１回学び、講演が２回目の学びの場になるので、より深く内容を理解することができます。

一方、私のほうは講演の中で実例や具体例の紹介、実技や演習問題の指導を余裕をもってすることができます。こうして、私の講演では調停委員の皆様に主役になってもらい、楽しく学んでもらうようにしています。

学習者が主体となるこのような学習法は、「アクティブ・ラーニング」と呼ばれているものです。大学では今アクティブ・ラーニングが盛んで、学生は講義を聞いているだけではダメで、自ら調べる主体的な学習が求められています。

調停委員の研修に私は実技や演習を多く取り入れていますが、それは調停委員の皆様に主体的に学んでいただきたいという思いがあるからです。

実際、SOLER（実技）や「内的観点」の演習に取り組んだ調停委員の皆様からは、「たいへん楽しい研修だった」、「こういう研修をまた受けたい」といった声をたくさんいただいています。それは、私の話を調停委員の皆様が、楽しみながら学ばれている証拠だと思っています。

2　民事・家事調停委員の反応

私は講演の終了後、調停委員の皆様にアンケート用紙への記入をお願いしています。そうすると、アンケート用紙には、「他の委員の意見を聞き、なるほどと思った」、「他の方の考えがわかり、人それぞれに感じ方に違いがあることを理解できた」、「他の方のさまざまな思い、考えが聞けて今後の参考になった」といった感想が毎回いくつも見られます。

調停委員の研修会では、調停委員の皆様が自ら学ぶことはもちろん大事ですが、その一方で「他の調停委員は何を、どのように学んでいるのか？」にも関心があり、他の調停委員の学び方からも学んでいるように思います。では、調停委員の皆様は私の講演をどのように聞いているのでしょうか。

(1)　講演内容についての感想

◇京都家事調停協会の研修会

・長年興味をもって勉強してきたことの整理ができました。

◇東京家事調停協会（相続問題研究会）の研修会

・私は調停を「対立構造」としてとらえ、「争点を浮き上がらせる」という態度をとってきたが、大いに反省させられた。

・今回、実にいろいろな切り口の調停技法を教えていただき、ありがたく思っている。

・素晴らしい講義でした。今までこころを育てる必要性、メディエーションの講義を受けたことはあるが、実践を伴った講義は初めて。再度、受講させていただきたい。

◇相模原調停協会の研修会

・内容も充実しており、たいへん有意義な勉強をさせていただいた。
・簡単な実践（演習）を交えての講演は、ただ単に講義を受け身に拝聴するだけではなく、主体的に参加することができた。
・質の高い役者である必要性を感じていました。研修でサービスという概念をお聞きし、ある意味で共通する領域であると感じました。

◇長崎調停協会連合会の研修会

・わかりやすい講演・演習ありがとうございました。／わかりやすい資料を用意していただき、とてもわかりやすかった。
・とても良いレクチャーでした。実際に調停を体験された方のアドバイスはこころに響き、地元の自主研修会で詳しい報告をしたい！と思いました。
・調停時報を読むことから、本日の講演、実践と理論的に具体的に研修できました。
・いろんな視点から理論的なお話があり、当事者を尊重すること、傾聴の大切さを理解することができました。進め方がわかった気がします。

◇川越調停協会の研修会

・資料説明の講義だけではなく、演習問題や実技を取り入れた研修であったので、良い雰囲気の中で楽しく学べた。
・事前に資料を読むことによって、講義の内容を効率よく理解できたと思います。
・書いたものを読むかたちの講義よりも、講師の先生との対話形式のほうがより意義深くなったような気がいたします。

◇小倉調停協会の研修会

・調停についての多岐にわたる知識を教えていただき、ありがとうございました。

・参加型の研修でたいへんよかった。充実した研修であった。

・調停委員として歩き出したばかりの私にも、よく理解できる内容だった。一つひとつの事例がとてもわかりやすく、講義の内容が現実的にはこうなんだと結びつけて考えられた。

・私どもの“こころの動き”（ふだん大切なことだと薄々感じていること）をきちんと言語化していただき、理解が進んだ。とても有意義だった。

・演習も含め具体的な話を聞かせていただき、ほんとうに今後の調停に役に立つ勉強をさせていただいた。

◇広島家事調停協会連合会・広島家事調停協会の研修会

・話の内容がとてもわかりやすく、資料と共に理解することができた。

・講義を聞くだけだと思って参加したところ、参加型のレクチャーだったので意外に思うとともに、たいへん楽しんで聞いていました。

・調停委員に任命された最初に、今回の内容の研修をしていただきたかった（当事者に寄り添うとかの話を聞くが、どのようにしたらよいかの具体的な話はなかった）。

・調停委員になりたての方にぜひこの話を聞いてもらいたい。／講義の内容も、話し方を具体的に示してくださったので、１年目の私にはとても新鮮で役に立ちます。

・調停委員の基本姿勢や実践技術を学ぶ機会がこれまでなかったので、自分にとり大変役立った。

・当事者に寄り添っていくことが真の解決につながると感じた。／当事者に寄り添うことの大切さを学んだ。

◇山口調停協会連合会の講習会

・ただ話を聞くだけでなく、課題に答えて行く実習もあり、あっという間に時間が過ぎました。また、さまざまな答えを聞くことができ、考えさせられました。

・実技があって盛り上がった。

・調停委員歴10年に及びますが、あらためて基本姿勢と実践技術ということで実践的に学べてよかった。

・調停委員としての基本姿勢や実践技術等たいへん学ぶことが多く、素晴らしい講習会でした。

・調停委員としてとても実践的で役に立つ内容でした。さまざまな場面で役立ちそうです。

⑵　SOLER（実技）についての感想

SOLER（実技）について、調停委員の方々はどのような感想をもってくれたのでしょうか。

◇東京家事調停協会（相続問題研究会）の研修会

・傾聴した後、互いのつながりが密接になった。こころがほぐれた気がする。話してスッキリ感があった。

・調停では傾聴しているつもりでも、当時者からの言語による反応、感想を受けることはないが、実技をしてみて感想を聞くことができて参考になった。

・傾聴の実技もおもしろく、会場の雰囲気が一変したように感じた。

◇相模原調停協会の研修会

・まずは傾聴、そこから当事者理解が出発するという出発点に立ち返らせてもらえた。

・調停の基本中の基本の傾聴。今後も当事者の意をくみ取り、対応したいと考えさせる研修でした。

・黙って聴いているだけではなく、相づちを打ったり、質問することで、熱心に聴いてくれていると相手に理解してもらうことが大事だと感じました。

◇長崎調停協会連合会の研修会

・とにかく相手の話をよく聞いて、理解を深めることを再確認しました。

・傾聴する姿勢をあらためて勉強できた。／傾聴の大切さを理解できました。

・SOLER の必要性を感じた。／ SOLER をこころ掛けて調停にあたっていきたい。

・傾聴の実践シミュレーションができた。

◇川越調停協会の研修会

・調停ではいつも聴く立場ですが、話し手の気持ちがとてもよくわかりました。

・傾聴については日ごろからこころ掛けて行っているが、実技を通じて再認識できた。

・ペアを組んだ相手が親しすぎたので、普通のおしゃべりみたいになってしまったことが反省点です。

◇小倉調停協会の研修会

・傾聴することからすべて始まること、大切なことであると再確認した。

・傾聴、SOLER も楽しく演習でき、調停の場面で実践できたらと思う。

・楽しかった。話の途中で話の一寸深いところに質問していただき、「あ、もう少し詳しく話したほうがいいのだ」と気づかされ、調停のときにも参考になる。

・傾聴は相手の方とまだお話がしたいと思うくらい、時間が短く感じた。

・傾聴で「聞いてくれている」と感じると、とても話しやすい。しっかり話ができた。

・傾聴についてはただ相手から話を聞くだけでなく、「何らかの言葉で返さなければならないのでは」と思うことが多いのですが、黙って聴きながらうなずくなどの身体的な反応だけで十分傾聴の効果があることがわかり、勉強になった。

◇広島家事調停協会連合会・広島家事調停協会の研修会

・SOLER は初めてです。「支部でもすればよいなあ」と思った。

・SOLERの実技は楽しかったし、やり方がよく理解できた。
・楽しくSOLERをさせていただき、笑顔・うなずき・相づち・目を見ることの大切さをあらためて感じた。実践に活かしてみたい。
・関心をもって聴いてもらえると話しやすいと感じた。実技の相手がすでによく知っている人と組むより、初対面の方とのほうが実感しやすいと思いました。
・普段の日常の出来事の話でしたが、共感して聞いてくれたことがよかった。質問したりされたりすると、話の内容が広がっていきよかった。
・話のテーマが適切だった。

◇山口調停協会連合会の講習会

・SOLERはとても楽しくやることができた。
・傾聴を具体的にする点が参考になった。
・SOLERについては、知らない方ともお話ができてよい。
・緊張したが、実技は良い勉強になりました。相手の顔や目を見るようこころ掛けました。
・傾聴の技術を磨くため、各調停協会で取り入れてみたいと思いました。

(3)　内的観点（演習）についての感想

◇相模原調停協会の研修会

・自分に欠けているものに気づいた感じです。いつも相手の言うことを「評価」していたような気がします。
・相手に対する真の思いやり、共感的理解の重要性を認識でき、たいへん勉強になった。
・調停の場において、当事者の立場に立って物事を判断（声掛け）することの大切さを実感しました。

◇長崎調停協会連合会の研修会

・内的観点からの理解の重要性がよく理解できた。

・単なる同情では心に響かないという反省をしました。
・レクチャーの中に演習を取り入れていただくことで、一方的な受け身の研修ではなく、能動的に活力あるレクチャーを受けたという実感があり、充実していました。
・演習は今の話題を使い、心理を把握しやすいもので、特にわかりやすかった。わかりやすい資料で、理解の手助けになりました。
・相手を思いやる一言一言が大きく影響する。留意して活かしていきたい。

◇川越調停協会の研修会

・「内的観点」「外的観点」という見方は新鮮でハッとさせられた思いです。
・当事者に対する「思いやりの気持ち」をもって調停に臨みたいと思います。知らず知らずに当事者にマイナスのメッセージを発していないか、よく注意しなければいけないですね。
・わかりやすくよかったです。相手の立場を理解するのに役立つと考えました。「内的観点からの理解は深めていかなければ」と思います。
・調停ではいつも聴く立場ですが、話し手の気持ちがとてもよくわかりました。特に自分がつらいとき、「聞き手にこんなことを言ってもらえると救われる」また「傷つくのだ」ということが理論的にもわかりました。
・この演習は調停以外の幅広いコミュニケーションの場に通じるものがある。私は消費生活相談員をやっていて、相談の現場ではまさしく傾聴が相談者からの聴き取りの成否を握っている。たいへん参考になった。
・「内的観点からの理解」について、浅田真央さん、田中陽希さんという身近な親しめる例題だったのでわかりやすかった。

◇小倉調停協会の研修会

・内的観点・外的観点を常に意識することにより、当事者を真に理解することができ、メッセージを理解し、理解したことを当事者に反射することができると思った。
・内的観点、外的観点を理解することの大切さを強く感じた。当事者の様子や表面に出ている言葉から、内的観点の視点をもって当事者の気持ちに寄り添っていきたいと思った。

・私自身外的観点で理解している場面が多く、今日は本当に反省させられた。／いかに日頃外的観点に頼っていたか反省する。相手の立場に立つことで、物事の理解度が格段に上がる。

・内的観点からの思い、理解に興味をもった。とてもよくわかる。調停スキルとしてぜひ身につけていきたい。

◇広島家事調停協会連合会・広島家事調停協会の研修会

・実践的でおもしろかった。／自分で考えることはとても参考になったし、楽しくさせていただいた。

・とても楽しかった。「内的観点」からの理解は、自分の立場で考えがちな気持ちを相手の立場から考えることは、調停で即戦力になると思う。この訓練は常に必要だと感じます。

・外的観点の見方は相手を否定することになること、「がんばって」という言葉ではない相手を思いやる内的観点の言葉は、本当に大切だとわかりました。声掛けの言葉を考えるのが楽しかったです。

・共感することの重要性を強く感じました。自分の価値ではなく、相手の置かれている状況を十分知ることが大切だと反省しています。

・相手の気持ちを理解して寄り添って言葉掛けをすると、短い言葉でも相手の気持ちをやわらげ、ホッと癒された気持ちにすることができる。

・内的観点の視点を具体的に学ぶことができた。調停のみならず自分の生活にもしっかりこの視点を活かして、豊かに生きたいと思います。

◇山口調停協会連合会の講習会

・内的観点の演習はよかった〜。

・新たな観点でおもしろかった。

・内的観点からの理解から共感的理解につながることがよくわかりました。

・内的観点については他の人の意見を聞き、いろいろな考え方がわかりました。

・演習と解説を通してより理解できた。

(4) 調停委員の理解と満足

先に述べたように、私は講演の最後に調停委員の皆様にアンケートをお願いしています。そして、アンケートの内容を集計し、調停委員の皆様に結果をフィードバックしています。

そうすることで自分の講演を自分で振り返ることができるうえ、調停委員の皆様には他の調停委員の方々が何を考え、どのようなことを学んだかをお伝えすることができます。

そうしたところ、長崎での講演の後、長崎調停協会連合会が独自にアンケートをとり、その集計結果を私に送ってくれました。それは私にとり、長崎の調停委員の皆様のご感想や様子を知るのにたいへん参考になりました。長崎の皆様からいただいた集計結果が、〈図表27〉です。

これを見て私は、「自分の思い描いていた研修がようやくできた」ように思いました。長崎の調停委員の皆様は、「私が学んでほしいと思っていた事柄を、まさに学んでくれていた」ことがわかったのです。

そして、その後の川越調停協会、小倉調停協会、広島家事調停協会連合会・広島家事調停協会、山口調停協会連合会での講演でも、調停委員の皆様から同様のご感想をいただきました。

私の講演スタイルが調停委員の皆様の研修のお役に立っていることを知り、私は大いに自信を深めました。

〈図表27〉　長崎調停協会連合会アンケート結果

H29 9/28長崎調停協会連合会研修会アンケート結果（講師：飯田邦男氏） 「今、調停委員に求められるもの―当事者理解と話の聴き方―」 82名参加中回答74名													
回答委員内訳		今回の研修会			講演内容			演習について			今回内容の調停活用について		
在任年数	回答人数	たいへん良かった	良かった	ふつう	良く理解出来た	ある程度理解出来た	難しかった	良く理解出来た	ある程度理解出来た	難しかった	ぜひ活かしたい	前向きに検討したい	難しそう
新任	4	4			3	1		3	1		3	1	
1	8	5	3		5	3		6	2		7	1	
2	6	6			3	3		5	1		6		
3	6	6			4	2		4	1		4	2	
4	7	5	1	1	3	3		3	3		5	2	
5	11	9	2		7	4		8	2		10	1	
6	2	2			2			1	1		2		
7	5	3	2		4	1		3	1		4	1	
8	3	2	1		2	1		1			3		
9	3	3			1	2		2	1		3		
10	4	4			4			3	1		4		
11	2	2			2			2			2		
12	2	1	1		1		1	2			1	1	
13	1	1			1				1		1		
14	1	1			1			1			1		
15	1	1			1				1		1		
16	1	1			1			1			1		
17	2		2		1	1		1	1		1	1	
18													
19													
20	1	1			1			1			1		
21													
22	1	1			1			1			1		
無記入	3	3			1	2		1	1	1	3		
計	74	61	12	1	49	23	1	49	18	1	64	10	0

3　調停委員の悩みと質問

ここでは、研修会の際に調停委員の皆様から寄せられた悩みや質問を取り上げたいと思います。これらの悩みや質問は、他の調停委員の方々にとってもご参考になるものと思います。

(1)　アンガーマネジメント

アンガーマネジメントについて教えてください。（東京）

家事調停でも、アンガーマネジメントが使えそうですね。欧米では、夫婦間などの対人関係の上で生じたトラブルで生じた怒りを、建設的に対処する心理的なプロセスとして、“ゆるし”の研究が注目されているようです。

“ゆるし”はネガティブな葛藤や問題を減らし、対人関係の満足度を高めるとされ、夫婦問題の関係回復のために“ゆるし”に焦点をあてた臨床研究とその効果が実証されているとのことです（鍋島裕子＝田中輝美「夫を許せないと反芻する妻へのカウンセリング」日本カウンセリング学会「カウンセリング研究」47巻2号（2014））。

(2)　家事調停と自主交渉援助型調停との違い

家事調停は家裁での調停を意味し、自主交渉援助型調停はADRの調停を意味すると考えてよいでしょうか？（東京）

ADRは裁判外紛争解決手続の意味ですので、裁判所の民事・家事調停も自主交渉援助型調停も共にADRになります。また、民事・家事調停は司法型ADRと呼ばれています。

ただし、裁判所の調停は自主交渉援助型調停とは調停スタイルかなり異なります。それは、裁判所の調停の進め方が、基本的に裁判がモデルになっているからです（司法モデルといいます)。

一方、欧米の mediation の主流は自主交渉援助型調停と呼ばれているものです。日本でも ADR 基本法の下で生まれた民間 ADR の大半は、自主交渉援助型調停のスタイルをとっています。

裁判所の調停モデルとアメリカの mediation モデルとを比較してみると、以下のような違いがあります。

〈図表28〉 米国モデルと日本モデルとの違い

	米国の mediation	日本の伝統的調停モデル
プロセスイメージ	紛争当事者による水平的自律対話（当事者は同席)	調停人による説諭・指導（当事者は別席)
ミディエーターの役割	当事者の対話の制御・促進による解決援助（解決の主体は当事者)	調停案の提示・説得（解決の主体は調停人)
規範の根拠	自己決定と合意	社会的常識、条理
ミィディエーターの供給源と規制	訓練を受けた人ができる／自由／行動倫理規制	法律家、専門家･権威者／法･行政による全体規制

鈴木有香『コンフリクト・マネジメント入門』（自由国民社、2008）227頁から引用

また、（一社）日本商事仲裁協会と（公社）日本仲裁人協会による「調停人養成教材作成委員会」が制作した「調停人養成教材」には、調停の種類が以下のように整理されています。

ここでは、司法型 ADR（調停）は評価型と妥協要請型の中間に位置していると見られています。

〈図表29〉　調停の種類

	評価型	妥協要請型	自主交渉援助型
目指すもの	裁判と同様の結論	当事者の主張の中間的解決	当事者の本音を満足させる。法的判断による解決をしない。
調停人の介入	結論への強い介入	介入は少ない	話合いのプロセスへの介入
調停人のタイプ	法律専門家	名士	話合いのプロセスを管理する知識、技術を持った人
長所	専門家の判断による判決的解決	威信による解決	自主的解決による関係性の維持
短所	当事者は対立関係のまま	紛争の本質に踏み込めない	解決まで忍耐を要する、結果として解決できない場合がある。

調停人養成教材作成委員会『調停人養成教材・基礎編（2006年度版）』2～6頁から引用

⑶　メディエーションのスキルが調停で使えない

・レビン小林久子先生の研修会に何度も参加し、また、九州大学の入江先生ともロールプレイをした経験がありますが、メディエーションの勉強で身につけたはずのスキルが、実際の調停ではうまく生かせません。ADR と家事調停の違いを踏まえて、どう調整すればよいか、ご教示いただければ幸甚です。（東京）

・自主交渉援助型調停で当事者の「立場」と「利害」を分離するとは、具体的にどういうことでしょうか。立場＝positioning、利害＝needs ということでしょうか？（東京）

民事・家事調停と自主交渉援助型調停とでは、調停スタイルがかなり違うことを先ほど説明しました。

メディエーションのスキルが裁判所の調停でうまく使えないのは、調停の解決構造や進め方がそもそも違うためと考えられます。家事調停でメディエーションスキルを使ってみて、有効なものと有効でないものとを、自分なりに探ることが必要です。

自主交渉援助型調停では、争点を「イシュー」と言い、イシューごとに当事者の取る立場・主張・見解を「ポジション」と呼んでいます（和田仁孝＝中西淑美『医療コンフリクト・マネジメント――メディエーションの理論と技法』（シーニュ、2006、19～20頁））。

「イシュー」や「ポジション」といった言葉や考え方はそもそも日本人には馴染みの薄いものなので、うまく使いこなすことができないのではないかと思います。

「イシュー」や「ポジション」、「インタレスト」等の言葉や意味を調停の場であれこれ考えているようでは、とても実際的とはいえません。

イギリスで弁護士資格を取得し、香港・オーストラリアで国際調停人の資格を有する加藤照雄弁護士は、「ポジション」と「インタレスト」（関心・利益）との関係について私に下図のように説明してくれました。

そこでは、「ポジション」の根底にある「インタレスト」をいかにとらえていくかが重要とのことでした。

〈図表30〉　Position と Interests の関係図

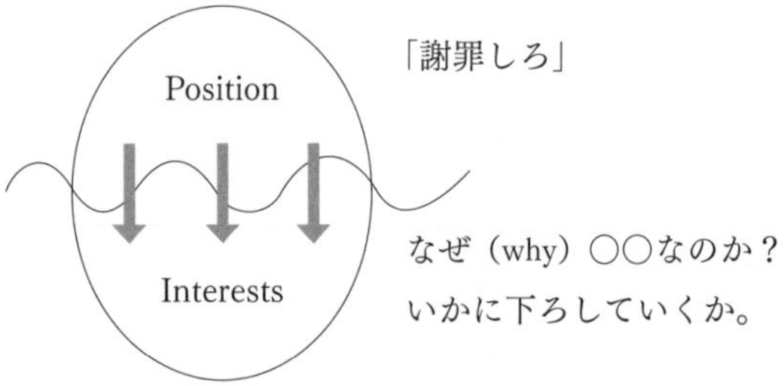

(4) 困難当事者と「傾聴」

> 困難当事者の場合、傾聴についても悩みます。（長崎）

困難当事者の場合も、そうでない当事者の場合も、傾聴の仕方に変わりはないと思います。むしろ、困難当事者の場合のほうが“傾聴の効果”は大きいのではないでしょうか。

当事者は自分の意に反する人には向かってきますが、自分を理解してくれたり、自分の側に立って考えてくれる人には素直な態度を見せてきます。

困難当事者と向き合う場合、自分の傾聴が「どれくらい通用するか」と気楽に考え、話に耳を傾けてみてはどうでしょうか。

(5) 「感情」の受け入れ

> 感情に対するスキルについて――感情をそのまま受け入れ理解を示すことは、一方の感情に深入りする危険性はないだろうか、と感じた。（長崎）

中立性を保つため、調停委員は「感情を表わしてはいけない」と以前言われていました。しかし、これでは当事者は、「調停委員が理解してくれているのかどうか」がわかりません。

中立性とは当事者の感情を受け入れないことではなく、申立人の感情に真摯に向き合う一方で、相手方の感情にも同様に向き合うこと――つまり、どちらの感情にも真摯に向き合うことだと私は考えています。

ですから、当事者の感情を受け入れることを恐れてはいけません。むしろ、当事者の感情を受け入れることで、当事者との間で濃密なコミュニケーションが成立するように思います。

問題は「当事者の感情に深入りする危険性をどう回避するか」ですが、一つの方法としては、当事者が感情を出してきたような場合に、「私はあなたの感情（気持ち）をこう理解しましたが、それでいいですか？」と確認するのがよいと思います。

そこでは、当事者の感情を自分が理解したことを述べているに過ぎないため、自分でも客観性が保てるうえ、当事者も「自分の感情を理解してもらえた」と納得してくれるものと思います。試してみてはいかがでしょうか。

⑹「相づち」と「うなずき」への心配

「相づち」と「うなずき」が重要であることはわかるが、それが当事者に対して「肯定した」との印象を与え、結果に不満を生じさせないか、心配です。使い方に慎重になる場合があるのではないでしょうか。（長崎）

このような場合は、「なるほど」「ふむふむ」「そうですか」といった「相づち」がよいとされています（拙著『離婚調停の技術』84頁参照）。

その理由は、これは「あなたの言うとおりだと思います」という意味の相づちではなく、実際には「なるほど、あなたはそう思うんですね」という意味で、そこでは「あなたの話を聞いています」、「あなたの話に興味をもっています」という意思を示し、この場合には、相手は「あなたはそう思うんですね」というメッセージを受け取っただけで、「完全には同意はしてくれていない」という情報と「否定・拒絶はされていない」という情報の両方を得ることになり、さらに、「話をしてわかってもらおう」という意欲をもつことになる「受容の相づち」になるためといいます。

このような「受容の相づち」を行わずに、「そんなことないよ」とか「それはおかしいよ」などと言ってしまうと、相手は「自分の思いが拒絶された」と感じて必死に説得を試みたり、「わかってくれないなら、もういいや」と口を閉ざしてしまうことになり、一方「そうですね」とか「そのとおり」というような返答は、「自分の本心をあいまいにして、相手に合わせることになり、誤解のもとになりかねない」といいます（[61]）。

この「受容の相づち」が真価を発揮するときがあります。それは、当事者がクレームをつけてきたり、強く批判してくるような場合です。

このような場面では、「話は聞いています」というメッセージと、当事者の話に「完全には同意していない」というメッセージの両方を伝えるメッセージを出す、この「受容の相づち」がたいへん役に立ちます。

また、クレーム問題研究家の関根眞一氏は、このような場面では次のようにするのがよいと説明しています。

それは、「でも」と言った途端に相手は頑なになる可能性があるので、「そういうこともありますよね」、「そうですか」というように聞き、そうすると、「でも」「しかし」ということは言っていないわけですから、相手は「すっかり聞いてくれたのかな」という対応になると述べています（[79]）。

また、言語学の立場からは、「しかし」「でも」といった逆説の接続詞を使う場合には、その特徴を理解しておくことが必要といいます。

石黒圭一橋大学教授は、「しかし」は先行文脈と後続文脈の食い違いを強調する接続詞で応用範囲が広いので、安易に使われがちであると注意を促しています。

また、「でも」は、相手の一面的な評価に対し自分の考えを述べたくなるようなときに、「相手の話をさえぎり、自分の率直な意見を表明することを予告」するものであると説明しています。

そのうえで、対話の基本は「共感」と「同調」で、「でも」や「けど」などの逆説の接続詞の使いすぎは、「相手との対立をきわだたせることにな」ると説明しています（[80]）。

当事者の話に納得しがたい場合でも、調停委員はその話を否定したり、拒絶することはできません。それをしてしまうと、当事者と調停委員との意見の対立が鮮明化してしまい、当事者は必死になって反論してくるので、当事者との間で論争に発展してしまいます。

調停委員が当事者と論争していたのでは、調停の話合いの仲介をすることはできません。そこでは、調停委員が当事者を上手にリードする調停技術が求められます。

⑺　つらい話には「わかります」と言えない

> つらい話ほど「わかる」とは言えません。仮に、共感できて「わかります」と伝えても、「何がわかる！」と怒られることもあるかもしれません。共感を示す難しさを感じます。（長崎）

基本的に、当事者のつらさや苦しさは他人には理解できません。しかし、人間には人として共通する価値観や道徳観等があります。

同じ人間として、「こういう生活だったらつらいだろうな」とか、「これではたいへんだろうな」とか、「ずいぶん苦労してきたんだろうなあ」いうことは、「当事者がどれほどたいへんか」はわからなくても、理解することができます。

その理解や共感を当事者に素直に返してやることが、「当事者の立場や状況を理解すること」であると私は考えています。

⑻　感情の反射

> 「感情の反射」の表し方が難しいと思う。「オウム返し」に言ってしまうと、「相手は何かバカにされたような気持ちになって逆効果にならないか？」と思うときがある。（川越）

先に述べた「感情の反射」の具体例（第３章第１節３⑵（71頁））を、もう一度ご覧ください。クライエントの話の中には、感情を訴えている言葉（つらい、悲しい、誰にも相談できない、どうしてもできない気持ち）がたくさん出てきます。

それらの言葉を聞き逃さないことが大切です。その受け止めた言葉を話し手に返してあげると、それが「感情の反射」になります。

⑼　傾聴スキルを身につけたい

> さまざまな場面で傾聴スキルは活かせると思う。先生のご経験から、このことについて何かご助言があればお伺いしたい。（川越）

傾聴はどの分野においても今求められています。ですから、傾聴スキルを身につけておくと、いろいろな場面で使うことができます。

傾聴スキルをもう少し深く学びたい方には、鈴木秀子『心の対話者』（文春新書、2005）を私はお勧めしています。この本はアクティブ・リスニングの教科書として書かれたもので、たいへんわかりやすく参考になります。

⑽　自分の「価値観」が邪魔をする

> 当事者や調停委員には各々の生活歴があり、価値観や常識もそれぞれ特徴があると考えられます。当事者の主張に対して理解を示すことはできますが、なかなか自分の価値観というフィルターに邪魔されて、純粋に共感というところまで行きつかないもどかしさを感じます。
>
> 共感的理解の解釈の仕方を教えてください。自分の価値観は出さないように努力し、当事者の訴える感情に寄り添うようにしています。それが共感的理解ということでしょうか。（小倉）

この質問は第３章第４節１⑴「調停委員と共感的理解」の項（105頁）でも取り上げましたが、ここでもう一度取り上げて説明します。

このご質問には、①共感的理解の問題と②傾聴の問題の二つがあるように思います。

共感的理解とは、「相手の立場に立って理解する」ということです。しかし、この共感的理解の仕方については、「具体的にどうしたらよいか」がわかりにくい面があります。

本書で取り上げている「感情の反射」と「内的観点からの見方」も共感的理解の一つです。これらは「どうすればよいか」、「何をすべきか」がはっきりしています。

ですから、私は一般にいわれている「共感的理解」を目指すより、「感情の反射」や「内的観点からの見方」を学ぶことのほうがわかりやすいうえ、合理的と考えています。

話を聴く際「自分の価値観に邪魔されてしまう」という問題は、傾聴の問題――具体的には、アクティブ・リスニングの問題です。

アクティブ・リスニングとは、「価値判断を加えず話を聴くこと」です。「なぜこのような姿勢が求められるか」というと、聴き手の判断が入ってしまうと、相手の話を聴くスペースが狭まってしまい、十分に話を聴くことができなくなるからです。

また、聞き手が相手の話に賛成・反対等の判断をすると、相手は防衛的態度になり、語らなくなります。そうならないようにするのが、アクティブ・リスニングです。

⑾　当事者の「感情」への対応

お互いに理解できず、向き合うこともできない（しない）当事者が調停にやってきます。対立する当事者が、感情的になる場面がしばしばあります。
……①

一方、当事者の話を反対当事者に伝える場合、紛争がエスカレートすること（相手が感情的になること）を避けるために、調停委員がオブラートに包んだ表現をする（または一部を話さない）ことがあるのですが、それでは十分に状況や真意が伝わらないのではないかと葛藤することがあります。……②

調停で当事者に感情を吐き出してもらい、それを調停委員が受け止めるこ

とは大切だと思いますが、「感情的になること」と「感情を吐き出す」ことは同じではないと感じています。……③　（小倉）

※①②③は著者が便宜上つけたもの。

まず、①の当事者が感情的になるのは、結婚生活の状況や紛争の経緯、また本人の問題や調停の流れ等いろいろな要因が関係しているものと思います。いずれにしろ、当事者は結婚生活を送る中で、また紛争の経過の中で、いろいろ傷ついており、こころの中には怒りを覚えています。ですから、調停ではこれらのこころの傷や怒り――つまり、感情を強く出して、自分の気持ちや状況をわかってもらおうとしているものと思われます。家事調停の場合は、このような当事者にお付き合いせざるを得ない面があります。

このような当事者と向き合う際は、当事者のこころの傷や怒りを受け止めてあげることが大切です。短時間でも耳を傾け、「あなたはそういうお気持ちなんですね」、「たいへんでしたね」とねぎらってあげると、当事者は喜び安心します。これが出発点です。

②はたいへん難しい問題です。調停委員には紛争を収束させて行く役目がありますから、一方当事者の話が相手の怒りや興奮等を誘発するおそれがある場合は、それをそのまま相手に伝えることは好ましくないでしょう。

一つの方法としては、調停委員が一人で問題を抱え込まずに、当事者に聞いてみるという方法はいかがでしょうか。「あなたの話をそのまま相手方に伝えてもいいけど、そうすると相手方が激高したり、頑なな態度になるおそれがあります。そうならないようにするには、あなたの話を相手にどう伝えたらいいですか？」と尋ねてみるのです。そこで当事者が述べたことを、相手方に伝えればよいのではないでしょうか。

③ついては、本書の「感情」の説明をもう一度ご覧になってください。

⑿　長々としゃべる当事者への対応

・当事者がとめどなく聞いてほしいことを話されるとき、どの時点でまとめ、次のステップを踏んだらよいか、困ることがあります。（長崎）
・傾聴するうえで、長々としゃべり時間がかかり過ぎる当事者の話に、どう対応したら本人に悪感情を抱かれることなく話を切り上げられるのでしょうか。（小倉）

このような当事者の対応については、拙著『こころをつなぐ離婚調停の実践』（78〜79頁）でも説明していますが、ここでも説明いたします。

鈴木秀子聖心女子大学名誉教授は、「混乱しているときや腹が立っているとき、他者への苦情や反省、自己弁明などが入り混じった話を長々とすることがよくある」が、「こうした話への対応はむずかしい」と述べています（[61]）。

このような場合、「要約」と「焦点づけ」という傾聴技法が極めて効果的といいます。「要約」とは、話の聴取が一つの区切りにきたとき、それまで話した内容を簡単に要約し、理解が正しいかどうかを確認してもらうことで、そうすることで次の話題にスムーズに移っていくことができ、また、もし要約した内容に誤解があれば、それについて再度話をしてもらうことにより訂正ができるといいます。

ここでの要約のコツは、「まとめる範囲が広くなればなるほど、簡潔に短く行うこと」とされています（[45]）。

一方「焦点づけ」とは、話し手の話の内容や流れを聞き手の望むように方向づけるための聞き方で、話のアウトラインをできるだけ早くつかみ、その中に含まれている要素を把握し、多数ある問題の一つひとつに順番に焦点を当てて聞いたり、時間の経過ごとに区切って焦点を当てて聞いていくようなやり方です。

そして、話が止まらない話し手には、ほんの少し間が開いたときに、「今までのお話には大切なことがたくさんあったように思いますので、ちょっと整理させてください」といって誘導しながら整理することが、良い対応の仕方とされています（[45]）。

また、鈴木秀子名誉教授は、機関銃のように言葉を吐き出すタイプの人は、言葉を選ばずしゃべっているので、話のポイントを整理させる必要があること、このような場合、「なるほど、では、ここでもう一度話を整理してみましょうか？」、「いま、あなたが望んでいることは、一言で言えるでしょうか？」、「要するに、問題は 〜 ということでしょうか？」といった「まとめを促す質問」が効果的であると説明しています（[61]）。

このような対応の仕方を実際に使ってみながら、自分のやり方のコツを次第につかんでいくのがよいと思います。

⒀　短時間での事情聴取

・調停は限られた時間の中で、当事者の思いやニーズを理解するというたいへん困難な仕事であると、あらためて痛感した。（相模原）
・調停委員は双方から30分ずつ交代して聴取する。この時間に対して、どのようなことをこころ掛けることが大事か、具体的に教示してほしい。（広島）

このご質問は調停委員の皆様全員に関係する問題であり、また、調停実務において最も難しい問題の一つといえます。

これに対する私の基本的な考え方は、①面接の基本をしっかり学ぶ、②短時間面接や難しい当事者との面接は、その“応用問題”と考えるというものです。

野球でいえば、守備の基本練習（ゴロの取り方）をしっかり積んでいると、むずかしい打球がきてもファインプレーができるのと同じです。

そのため、広島での研修会のときには、「基本を踏まえて、皆様がご自分で考えていってください」とお答えしました。しかし、それでは何の答えにもならないので、ここで補足説明をします。

では、実際のところ、短時間面接はどのようにしたらよいのでしょうか。私にも妙案があるわけではありませんが、短時間面接を行っている医療面接の知見が、一つのヒントを提供してくれるように思います。

聖路加国際病院の日野原重明元名誉院長は、「医師は聞き上手に、患者は話し上手にな」ることを説いています（[4]）。そこでは患者には具体的に客観的に説明してもらうため、患者に次のように話してもらうことを提案しています（項目立ては筆者による）。

① 伝えるべき情報は事前に整理する

いざ医師に問われて答えようとしても、自分のからだの感覚をことばに置き換えるのは想像するより難しいので、少し考える時間を必要とする。家を出る前に、そのまま医師に手渡せるくらいのわかりやすいメモを用意しておけば申し分ない。ついでながら、医師に知っておいてほしいことなども書き加えておくとよい。

② 伝えるべき情報には優先順位をつける

手短に言う場合はこれ、少し余裕をもって話せるときはこれとこれという具合に、伝える事柄を何段階か用意しておく。つまり、自分の問題リストをつくっておく。

「今日はこのことが一番心配で来ました。ですが、第二、第三番めに気になっていることもあるので次の機会に診てください」と言えば、忙しい医師はどんなにか助かる。

③ 十分伝えきれなかった場合は看護師に伝える

それでも医師に十分伝えきれなかった思いが残る場合は、看護師を介して伝える。

④ 息の合ったキャッチボール

病院での待ち時間をまとめの時間と心得て、上手な自己表現のために自己チェックをする。診察室での医師と患者の会話は、短い時間ながらも息の合ったキャッチボールのように交わされるのが理想。患者のからだにまつわるストーリーの、医師は聞き上手であること、患者は話し上手であることにもっと努める。

この説明には、調停委員が事情聴取する際のヒントがあるように思います。それは、当事者にもっと「話し上手になってもらう」ということです。

調停時間に短さについては調停委員が一人で悩み悪戦苦闘しがちですが、先に述べたように調停は司法サービスであり、当事者と調停委員との協働作業の側面があります。

そのことを考えると、当事者には少しだけ「話し上手」になってもらうことが、一番現実的な方法ではないかと思います。

⒁　当事者の不適切な主張の受け止め方

当事者の主張することが「悪いこと」（いろんな意味で）である場合、どう受け止めたらよいのでしょうか。（小倉）

ご質問の「悪いこと」がどういうことなのか不明なので、具体的な説明はできず、一般論となります。ご承知おきください。

一般に、当事者が何を主張しようと、調停委員はそれを制止できないので、「あなたの主張はこうなんですね」と受け止めるしかありません。

しかし、当事者が主張することとその主張が通ることとは別問題なので、良くない主張に対しては、「あなたの主張は（常識的に、第三者から見て、相手方の立場に立つと、一般的に、どう考えても）難しいと思います」と伝えて再考を促すことはできます。

当事者があくまでもその主張を続けたり、強いこだわりを見せる場合は、その後の話合いができなくても仕方ないでしょう。

ところで、話が嚙み合うためには――つまり、当事者同士のコミュニケーションが成立するためには、「協調原理」と呼ばれる暗黙の共通ルールを話し手と聞き手が共有することが必要とされ、協調原理とは、話し手はその場におけるコミュニケーションの目的を達成するために協力的な態度をとるべし、という原理であるといいます。

その具体的なルールとは、①必要な限りの情報を提供する、②十分な証拠のないことは言わない、③関係のないことは言わない、④あいまいさを避ける、といったものです（[９]）。

したがって、当事者が、ⓐ自分に都合の悪いことは言わない、ⓑ根拠があいまいであっても、自分の思い込みや思い込みからの話をする、ⓒ関係のないことを持ち出す、ⓓはっきりとは言わない、といった「協調原理」に反する姿勢を見せてきた場合には、会話は成立しにくくなります。

また、伊藤直文大正大学教授は、「当事者の誰もがこころから解決を欲しているとは限らない」とし、当事者の中には、将来への不安から「今のままがいい」という人がいると説明しています。

そして、破滅的（破壊的）欲求をもつ当事者については、そのような人の主張や要求を調停で取り上げるべきか否かを、調停の中で考える余地があると述べています（[24]）。

当事者から話を聞いたり、事情聴取をしていく場合、当事者の話の中にはさまざまな考えや思惑、また印象操作や調停戦略といったものが隠されていますから、調停委員としては話の中味を考えつつ、事情を聞いていくことが必要になります。

⒂　タイムリーな言葉掛け

調停活動の中で、当事者に受け入れてもらえる言葉をタイムリーに投げか

けられるか、不安がある。どうすればタイムリーな言葉掛けができるようになるのか？（山口）

何事も日ごろの準備が大切です。「タイムリーな言葉を掛けたい」と思うのであれば、日ごろからそれをこころ掛けるとよいと思います。私は「決め言葉」を自分の中に蓄えておき、その場面になった時に、“気の利いた言葉”として述べるようにしています。

たとえば、長年辛抱してきた当事者には「よく頑張ってきましたね」といった言葉を掛け、その努力や頑張りを認めてあげるようにしています。そうすると、当事者は感激してくれます。

また、当事者が納得するような話をするには、話の①内容、②順番、③接続語の三つが重要になります。

私が家庭裁判所調査官として調停や審判に同席していた際には、その場の状況を考えながら、①何を話すか、②どういう順番で話すか、③話と話をどうつなぐかをメモしながら、発言の機会に備えていました。

補章

演習問題の解説

最後に、演習問題の回答例とその解説をします。

1　内的観点の演習Ⅰ（初級編）

⑴　浅田真央さんへの声掛け（演習問題１）

まず、浅田真央さんの「私についての私の見方」（内的観点）を考えます。そうすると、浅田さんはソチ・オリンピックで金メダルを目指していたにもかかわらず、ショート・プログラムで失敗してしまい、非常に「悔しい思い」でいるはずです。その一方で、次のフリーの演技での「巻き返しを狙っている」はずです。

そうすると、浅田さんの「私についての私の見方」（内的観点）は、「非常に悔しい」、「フリーでがんばるぞ」、「絶対あきらめない」、「悔いの残らない滑りをしよう」といったものになると思います。

次に、浅田さんの「私についての私の見方」（内的観点）を理解したら、そ

〈図表31〉　浅田真央さんへの声掛けの図

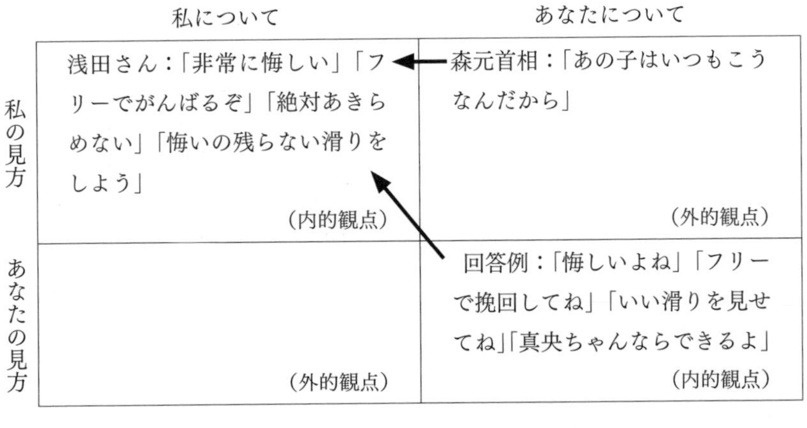

	私について	あなたについて
私の見方	浅田さん：「非常に悔しい」「フリーでがんばるぞ」「絶対あきらめない」「悔いの残らない滑りをしよう」 ← （内的観点）	森元首相：「あの子はいつもこうなんだから」 （外的観点）
あなたの見方	（外的観点）	↖ 回答例：「悔しいよね」「フリーで挽回してね」「いい滑りを見せてね」「真央ちゃんならできるよ」 （内的観点）

れを「あなたについてのあなたの見方」（内的観点）で浅田さんに返します。

その言葉は、浅田真央さんの「私についての私の見方」（内的観点）と同じものになります。それを図示すると、〈図表31〉のようになります。

⑵　田中陽希さんへの声掛け（演習問題２）

まず、田中陽希さんの「私についての私の見方」（内的観点）を考えます。そうすると、田中さんの「私についての私の見方」（内的観点）は、「へとへと」「疲れた」になりそうです。また、登頂成功に目を向けると、「登頂に成功したぞー」「やったぞー」といった気持ちと思われます。

次に、田中さんの「私についての私の見方」（内的観点）を理解したら、それを田中さんに返します。その言葉は、田中さんの「私についての私の見方」（内的観点）と同じになります。

ここでは、「お疲れさま」「登頂おめでとう」「やったねー」といった言葉になります。それを図示すると、〈図表32〉のようになります。

〈図表32〉　田中陽希さんへの声掛けの図⑴

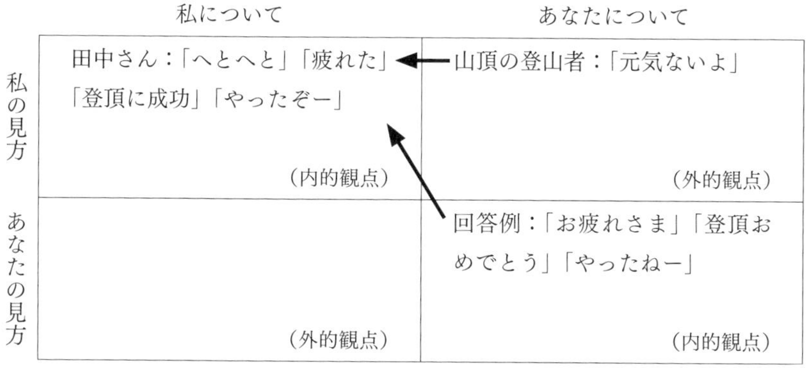

	私について	あなたについて
私の見方	田中さん：「へとへと」「疲れた」←「登頂に成功」「やったぞー」（内的観点）	山頂の登山者：「元気ないよ」→（外的観点）
あなたの見方	（外的観点）	回答例：「お疲れさま」「登頂おめでとう」「やったねー」（↖左上へ）（内的観点）

私は大学でも、浅田真央さんと田中陽希さんへの声掛けを演習問題として学生に取り組ませています。そうしたところ、田中陽希さんへの声掛けを取り上げた際、私が思いも浮かばなかった答えが返ってきました。

それは、田中さんは「山頂からの眺めの良さ」や「気持ちの良さ」を味わっているはずだから、「山頂からの眺めは素晴らしいでしょう」とか「山頂は気持ちいいでしょう」という声掛けも内的観点ではないかというものでした。

確かに、田中さんの気持ちの中にはこのような思いがあったと思われます。そうすると、それらの声掛けも「内的観点」になりそうです。それを図示すると、〈図表33〉のようになります。

〈図表33〉　田中陽希さんへの声掛けの図(2)

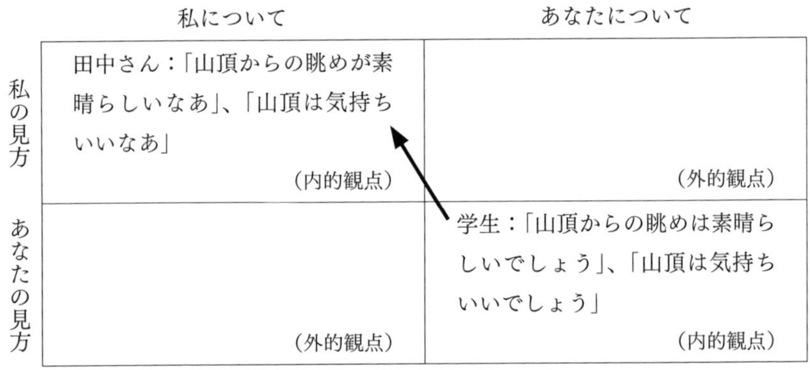

	私について	あなたについて
私の見方	田中さん：「山頂からの眺めが素晴らしいなあ」、「山頂は気持ちいいなあ」（内的観点）	（外的観点）
あなたの見方	（外的観点）	学生：「山頂からの眺めは素晴らしいでしょう」、「山頂は気持ちいいでしょう」（内的観点）

2　内的観点の演習Ⅱ（中級編）

(1)　妻への声掛け（演習問題３）

まず、Ｇさんの「私についての私の見方」（内的観点）を考えます。そうすると、Ｇさんの「私についての私の見方」は、「自分の決断が正しかったのか、不安で仕方がない」、「夫を支えていく自信がない」というものです。

Ｇさんの「私についての私の見方」を理解したら、それに寄り添う言葉を返していきます。そうすると、「自分の決断が正しかったのか、不安で仕方がない」に対しては、「決断に迷いがあるのですね。そのお気持ちをお聞きしますよ」という言葉になるでしょう。

また、「夫を支えていく自信がない」については、「支えていく手立てを一緒に考えましょう」という言葉になると思います。それを図示すると、〈図表34〉のようになります。

〈図表34〉　妻への声掛けの図

	私について	あなたについて
私の見方	Gさん：夫は末期がん、積極的治療はしないと決めた。効果的な薬ができるかもしれない。 ・決断が正しかったのか、今後のことを考えると不安で仕方がありません。 ・今の私は亡くなっていく夫を支えていく自信がありません。 （内的観点）	・Fさんはすぐに亡くなると決まったわけではありませんよ。 ・Gさんなら最後まで寄り添う力がありますよ。 ・がんの最新の治療方法を調べてお教えしますね。 （外的観点）
あなたの見方	（外的観点）	・決断に迷いがあるのですね。その気持ちをもう少しお聞きしたいのですが。 ・Fさんを支えていく手立てをご一緒に考えていきませんか。 （内的観点）

一方、「Fさんはすぐに亡くなると決まったわけではありませんよ」、「Gさんなら最後まで寄り添う力がありますよ」、「がんの最新の治療方法を調べてお教えしますね」は、Gさんはそのような気持ちや思いは見せていないので、それらは「あなたについての私の見方」（外的観点）といえます。

⑵ 女児の母親への声掛け（演習問題４）

最初に、娘のがんの知らせを受けた母親の「私についての私の見方」（内的観点）を考えます。そうすると、母親の「私についての私の見方」は、「なぜ娘はがんになったのですか」（考えられない、信じられない、理不尽だ）、「できることなら自分が代わってあげたい」（娘を助けてあげたい）というものです。

母親の「私についての私の見方」を理解したら、それに寄り添う言葉を掛けていきます。「なぜ娘はがんになったのですか」（考えられない、信じられない、理不尽だ）に対しては、「病気と向き合おうとしているのですね」（苦しい思いをされているのですね）になるでしょう。

また、「できることなら自分が代わってあげたい」（娘を助けてあげたい）

〈図表35〉 女児の母親への声掛けの図

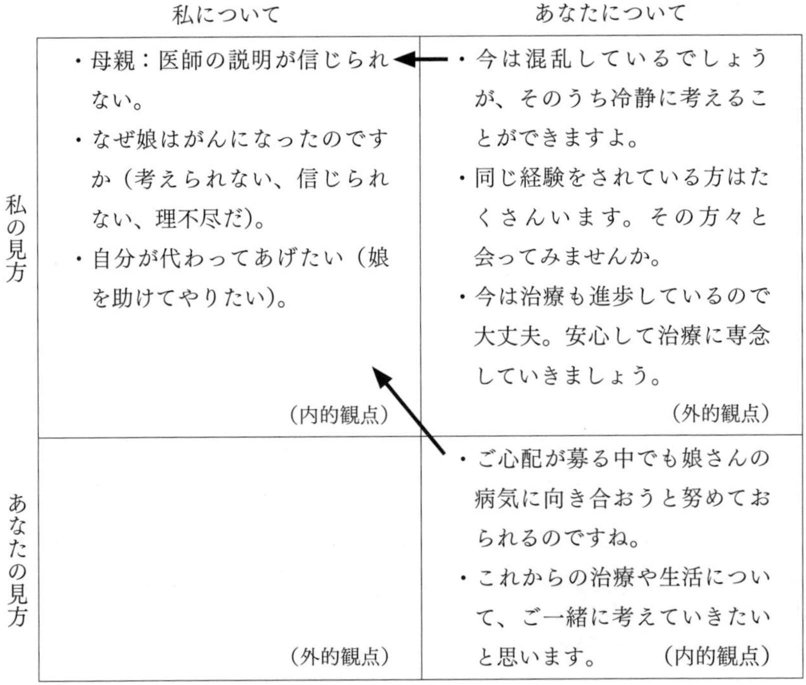

	私について	あなたについて
私の見方	・母親：医師の説明が信じられない。 ・なぜ娘はがんになったのですか（考えられない、信じられない、理不尽だ）。 ・自分が代わってあげたい（娘を助けてやりたい）。 （内的観点）	・今は混乱しているでしょうが、そのうち冷静に考えることができますよ。 ・同じ経験をされている方はたくさんいます。その方々と会ってみませんか。 ・今は治療も進歩しているので大丈夫。安心して治療に専念していきましょう。 （外的観点）
あなたの見方	（外的観点）	・ご心配が募る中でも娘さんの病気に向き合おうと努めておられるのですね。 ・これからの治療や生活について、ご一緒に考えていきたいと思います。 （内的観点）

に対しては、「これからの治療や生活について、ご一緒に考えていきたいと思います」になります。

一方、「今は混乱しているでしょうが、そのうち冷静に考えることができますよ」、「同じ経験をされている方はたくさんいます。その方々と会ってみませんか」、「今は治療も進歩しているので大丈夫。安心して治療に専念していきましょう」は、母親の気持ちや思いの中にそのようなものはないので、それらは「あなたについての私の見方」（外的観点）になります。これを図示すると、〈図表35〉のようになります。

(3)　内的観点のトレーニング効果

ここまでいくつか演習問題に取り組んでいただきましたが、それは「内的観点からの見方」の考え方を、調停委員の皆様に習得していただきたいという思いからです。

この考え方を身につけると、さまざまな場面で相手に寄り添う声掛けや働き掛けができるようになります。実際このスキルを学んだある学生は、子ども同士の喧嘩の際にこのスキルを使ってみた結果について、以下のように語ってくれました。

> 内的観点の演習問題を解いて、とても現実味のある学びができたと思った。私は「子ども食堂」にかかわっているが、内的観点を学んでから、子ども同士の喧嘩が起きた際に、お互いの話を聞いて、「A君は悲しかったんだね」、「B君は嫌な気持ちだったんだね」というように介入したところ、スムーズに仲直りすることができ、本人たちも晴れやかに気持ちを切り替えることができた。

ですから、この「内的観点」の見方のスキルは、当事者に寄り添う際に大きな力を発揮してくれると私は考えています。

おわりに

私は2014（平成26）年３月に家庭裁判所（家庭裁判所調査官）を定年退職し、その後、いくつかの大学で非常勤講師をしています。そのため、定年退職後は裁判所との接点はなくなりました。

しかし、ときどき各地の調停協会から講演依頼があり、調停委員の方々の研修のお手伝いをしてまいりました。そこでは、「調停委員に求められるもの」や「調停委員の基本姿勢と実践技術」について講演する機会が多いのですが、研修会の中にSOLER（実技）と内的観点（演習）も取り入れ、調停委員の皆様に楽しく学んでいただくようにしてきました。

その結果、講演後には、「密度の濃い研修でした」、「演習もあり楽しく学ぶことができました」、「調停に活かしていける具体的内容が参考になった」、「調停委員になりたての方に、ぜひこの話を聞いてもらいたい」等々たくさんのご感想をいただき、私自身も調停委員の皆様と一緒に学ぶことに大きな意義と喜びを感じていました。

本書で取り上げたSOLER（実技）や「内的観点からの見方」（演習）は、私の調停技術の中心にあるものです。これらはいわば私の“秘蔵スキル”であるため、私はこれらのスキルについては私の過去の著書の中ではあまり詳しく述べませんでした。なぜなら、それらの“秘伝スキル”は文字ではなかなかその雰囲気を伝えることが難しく、そのため私の講演を聞いた人に直接伝授したかったからです。

しかし、日野原重明先生の著書を読んでいたところ、「知恵は、伝えなければ持ち腐れに終わる」、「とりわけ大事なことは、人生の厚みなくしては知りえない『知恵』を、若い人にさりげなく伝えることです」という文章に接し、私の秘伝スキルも「多くの方々に活用してもらうのがよいのではないか」と考えました。

そこで、これまで各地の調停委員研修会で講演してきた家事調停に関する知識と実践的な調停スキルを、本書にまとめることにしました。

本書のタイトルにある“当事者に寄り添う”は、広島家事調停協会連合会・広島家事調停協会の2019（令和元）年度の年間研修テーマです。そこで、広島での講演のタイトルは「“当事者に寄り添う”調停委員の基本姿勢と実践技術」としましたが、このテーマは調停委員の方々すべてに関係する事柄でもあるので、本書のタイトルとさせていただきました。

本書は先に述べたように、山口ADR研究会、京都家事調停協会、東京家事調停協会（相続問題研究会）、相模原調停協会、長崎調停協会連合会、川越調停協会、小倉調停協会、広島家事調停協会連合会・広島家事調停協会および山口調停協会連合会各主催の調停委員研修会で、私が講演した内容がベースになっています。

私は長年「調停論」や「調停技術論」につい研究してきましたが、それと共に、調停委員の勉強法やトレーニング法についても深く考えてきました。それらについてはこれまで発表の機会がありませんでしたが、本書によりようやく発表することができ、たいへんうれしく思っています。

私に得がたい学びの場を提供してくれた、山口ADR研究会、京都家事調停協会、東京家事調停協会（相続問題研究会）、相模原調停協会、長崎調停協会連合会、川越調停協会、小倉調停協会、広島家事調停協会連合会・広島家事調停協会および山口調停協会連合会（新型コロナの感染が収束していない中で、勇気をもって講習会を開催してくれました）の皆様にはたいへんお世話になり、まことにありがとうございました。

皆様とご一緒に学んだことが本書に実を結び、本書が家事調停委員のほか弁護士や司法書士等多くの調停関係の方々のご参考になることを願っています。

最後に、新型コロナの感染拡大の社会状況の中にあって、本書の出版を快くお引き受けいただいた株式会社民事法研究会と、編集作業においてさまざまなご助言とご尽力をいただいた田中敦司さんには厚くお礼を申し上げます。

㈱民事法研究会とは2003（平成15）年に拙著『こころを読む　実践家事調停学（初版）』の出版についてご相談して以来、19年に及ぶおつき合いになります。

本書は私の７冊目の著書になりますが、ここまで執筆を続けてこられたのも、ひとえに株式会社民事法研究会のご支援とご指導があってのお陰です。長い間お世話になりほんとうにありがとうございました。

■ 引用文献（掲載順）■

1 拙著『離婚調停の技術』（民事法研究会、2015）

2 平成15年日本学術会議・社会福祉・社会保障研究連絡委員会報告

3 高野耕一「調停再考－日本の民事調停・家事調停－」判例時報1948号（2007）

4 日野原重明『生きかた上手』（ユーリーグ、2001）

5 拙稿「調停技術の根底にあるもの」ケース研究333号（2018）

6 拙著『こころをつなぐ　離婚調停の実践』（民事法研究会、2017）

7 社会福祉士養成講座編集委員会編集『相談援助の基盤と専門職（第２版）』（中央法規出版、2010）

8 山縣文治＝岡田忠克編『よくわかる社会福祉（第４版）』（ミネルヴァ書房、2006）

9 伊勢田哲治『哲学思考トレーニング』（ちくま新書、2005）

10 佐藤岩夫「ADR の専門性－労働審判制度を素材として－」仲裁と ADR 第10号（2015）

11 J・ベルスキー＝J・ケリー（安次嶺佳子訳）『子どもをもつと夫婦に何が起こるか』（草思社、1995）

12 渥美由喜『イクメンで行こう！』（日本経済新聞出版社、2010）

13 服部祥子＝原田正文『乳幼児の心身発達と健康－大阪レポートと精神医学的視点』（名古屋大学出版会、1991）

14 山口創『子どもの「脳」は肌にある』（光文社、2004）

15 キャサリン・M・サンダース（白根美保子訳）『家族を亡くしたあなたに』（ちくま文庫、2012）

16 詫摩武俊＝依田明編『家族心理学』（川島書店、1972）

17 上里一郎「依頼者の心理とカウンセリング」自由と正義42巻11号（1991）

18 W・ユーリー（斎藤精一郎訳）『ハーバード流 "NO" と言わせない交渉術』（三笠書房、1995）

19 伊藤直文「離婚する夫婦と子ども」村瀬嘉代子＝森岡正芳編「臨床心理学増刊第５号　実践領域に学ぶ臨床心理ケーススタディ」（金剛出版、2013）

20 ロジャー・フィッシャー＝ダニエル・シャピロ（印南一路訳）『新ハーバード流交渉術』（講談社、2006）

21 D・カーネギー（山口博訳）『人を動かす（第２版）』（創元社、1982）

22 竹中哲夫『現代児童養護論』（ミネルヴァ書房、1993）

23 伊藤直文「家事紛争当事者の面接」村瀬嘉代子＝下山晴彦＝熊野宏昭＝伊藤

直文編「司法・矯正領域で働く心理職のスタンダード」臨床心理学88（第15巻第4号）（金剛出版、2015）

24　伊藤直文「親のこころ・子のこころ」2010年1月21日千葉家庭裁判所松戸支部「家裁調査官自庁研修」における伊藤直文教授の説明。なお、ここでの説明は、伊藤直文『心理臨床における実践的アセスメント―事例で学ぶ見たてとかかわり』（金剛出版、2022）に書かれています。

25　拙著『こころをつかむ臨床家事調停学』（民事法研究会、2009）

26　鈴木淳子『調査的面接の技法』（ナカニシヤ出版、2002）

27　森岡清美＝望月嵩『新しい家族社会学（四訂版）』（培風館、1997）

28　R・ネルソン＝ジョーンズ（相川充訳）『思いやりの人間関係スキル』（誠信書房、1993）

29　青木聡「父母の離婚を経験した子どもの言葉」日本心理臨床学会発行「心理臨床の広場⑭」Vol.7　No.2（創元社、2015）

30　日本調停協会連合会発行『新版　調停委員必携（家事）』（2015）では、面会交流事件の説明の中で、「感情的対立が激しい両親への対応」が取り上げられていますが、そこでも感情についての詳しい説明はまったくありません。

31　ダグラス・ストーン＝ブルース・パットン＝シーラ・ヒーン（松本剛史訳）『話す技術　聞く技術　ハーバード・ネゴーシエーション・プロジェクト』（日本経済新聞出版社、2012）

32　編集代表畑山俊輝『感情心理学　パースペクティブズ』（北大路書房、2005）

33　社会福祉士養成講座編集委員会編『相談援助の理論と方法Ⅰ（第2版）』（中央法規出版、2010）

34　渡部律子『高齢者相談援助における相談面接の理論と実際（第2版）』（医歯薬出版、2011）

35　山辺朗子『ワークブック社会福祉援助技術演習②個人とのソーシャルワーク』（ミネルヴァ書房、2003）

36　編集委員代表山縣文治＝柏女霊峰『社会福祉用語辞典（第9版）』（ミネルヴァ書房、2013）

37　尾崎新『社会福祉援助技術演習』（誠信書房、1992）

38　E・B・ゼックミスタ＝J・E・ジョンソン（宮元博章ほか訳）『クリティカルシンキング入門篇』（北大路書房、1996）

39　F・P・バイスティック（尾崎新・福田俊子・原田和幸訳）『ケースワークの原則（新訳改訂版）』（誠信書房、2006）

40　桜井政成「ボランティアマネジメントとは何か」更生保護2018年10月号

41　廣田尚久『和解という知恵』（講談社現代新書、2014）
42　レビン小林久子『調停者ハンドブック－調停の理念と技法』（信山社、1998）
43　社会福祉士養成講座編集委員会編集『障害者に対する支援と障害者自立支援制度（第4版）』（中央法規出版、2013）
44　川田茂雄『社長を出せ！実録クレームとの死闘』（宝島社、2003）
45　斎藤清二『初めての医療面接－コミュニケーション技法とその学び方－』（医学書院、2000）
46　水戸家裁広報誌「梅の香」19号（2004）
47　井上ひさし『にほん語観察ノート』（中公文庫、2004）
48　齋藤孝『余計な一言』（新潮新書、2014）
49　近藤隆雄『新版サービス・マネジメント入門』（生産性出版、2004）
50　社会福祉士養成講座編集委員会編集『福祉サービスの組織と経営（第4版）』（中央法規出版、2013）
51　島津望『医療の質と患者満足－サービス・マーケティング・アプローチ－』（千倉書房、2005）
52　片山登志子弁護士はある座談会の席で、当事者の代理人の立場から、「やはり、調停に来るということ自体が当事者にとって大きな不安です。代理人がついていても、前の日に寝られないとか、調停が明日というと自分が興奮しちゃってという方もおられます。当事者にとっては、いろんな気持ちの揺れが生じる場所ですので、私自身は、そういう人にも調停というものを十分に活用していただくためには、できるだけストレスをなくして、自分をきちんとそこで表現できる、調停の場で自分を表現するということに集中してほしいと思っています」と述べています。「座談会『家事事件手続法施行後3年の現状と今後の展望』」家庭の法と裁判第4号（日本加除出版、2016）
53　金田一春彦『話し言葉の技術』（講談社学術文庫、1977）
54　鈴木秀子『愛と癒しのコミュニオン』（文春新書、1999）
55　子安美知子『「モモ」を読む』（学陽書房、1996）
56　ミヒャエル・エンデ（大島かおり訳）『モモ』（岩波書店、1976）
57　拙稿「アクティブ・リスニングとはどういうものか－自主交渉援助型調停の背景にあるもの」仲裁とADR第6号（2011）
58　大阪家庭裁判所家事調停研究会「よりよい調停のために－家事調停委員に求められること」家裁月報61巻2号（2009）
59　岡本左和子「『傾聴』で信頼を築く」毎日新聞「診察室のワルツ－24－」（2012

年5月2日付紙面)
60　菅原裕子『コーチングの技術』(講談社現代新書、2003)
61　鈴木秀子『心の対話者』(文春新書、2005)
62　トマス・ゴードン（近藤千恵訳)『ゴードン博士の人間関係をよくする本』(大和書房、2002)
63　氏原寛ほか共編『心理臨床大辞典』(培風館、1992)
64　木村武一『ゲーテに学ぶ幸福術』(新潮社、2005)
65　山田文「現代型ADRの再生としての民事調停」判例時報1811号（2003)
66　國頭英夫『死にゆく患者（ひと）とどう話すか』(医学書院、2016)
67　M・ウェーバー（清水幾太郎訳)『社会学の基本概念』(岩波書店、1972)
68　イザベル・ナザル＝アガ(田口雪子訳)『こころの暴力　夫婦という密室で』(紀伊国屋書店、2001)
69　梶村太市『離婚調停ガイドブック（第4版)』(日本加除出版、2013)
70　新田慶「家庭裁判所におけるカウンセリングの位置づけと効用」加藤一郎＝岡垣学＝野田愛子編『家族法の理論と実務』別冊判例タイムズN o.8（1980)
71　関岡直樹「グループ討議用『シート』による家事調停;人間関係調整機能のマップ」(2009、未発表)
72　マシュー・マッケイ＝ピーター・D・ロジャーズ＝ジュディス・マッケイ（榊原洋一・小野次郎監修)『怒りのセルフコントロール』明石書店、2011)
73　E・K・ロス＝D・ケスラー（上野圭一訳)『ライフ・レッスン』(角川文庫、2005)
74　高山忠雄監修・安梅勅江＝芳香会社会福祉研究所編著『いのちの輝きに寄り添う　エンパワメント科学』(北大路書房、2014)
75　湧水理恵「家族のコミュニケーションを促進して困難を乗り越える力をつける」保健の科学54巻9号（杏林書院、2012)
76　浦川加代子「ストレスに強くなるための労働者のメンタル・トレーニング（心理教育)」保健の科学54巻4号（杏林書院、2012)
77　阿川佐和子『聞く力』(文春新書、2012)
78　山崎喜比古＝戸ケ里泰典＝坂野純子『ストレス対処能力SOC』(有信堂、2008)
79　升田純＝関根眞一『モンスタークレーマー対策の実務と法』(民事法研究会、2009)
80　石黒圭『文章は接続詞で決まる』(光文社新書、2008)

【著者紹介】

飯　田　邦　男（いいだ　くにお）

東京教育大学（現筑波大学）教育学部卒業

家庭裁判所調査官を経て、

現在、大正大学（社会共生学部社会福祉学科）と明治学院大学（心理学部教育発達学科）の各非常勤講師

つくばソーシャルワーク＆ADR研究所代表

社会福祉士

〈著書・論文〉

『こころを読む実践家事調停学―当事者の納得にむけての戦略的調停―（改訂増補版）』（民事法研究会）

『虐待親への接近　家裁調査官の目と技法』（民事法研究会）

『こころをつかむ臨床家事調停学　当事者の視点に立った家事調停の技法』（民事法研究会）

『ケースで学ぶ家事・少年事件の事実をとらえる技術　家裁調査官の事実解明スキル』（民事法研究会）

『離婚調停の技術』（民事法研究会）

『こころをつなぐ　離婚調停の実践』（民事法研究会）

「『家事調停論』再考―家事調停の特徴とその構造―」戸籍時報696号特別増刊号（日本加除出版）

「現代型家事調停事件の性格と家事調停の課題（上）（中）（下）　家裁調査官による『実践的家事調停論』　」判例時報1927号、1929号、1930号

「アクティブ・リスニングとはどういうものか　自主交渉援助型調停の背景にあるもの　」仲裁ADR法学会「仲裁とADR」Vol.6

「調停技術の学び方(1)～(5)――私のメタ調停技術論」JCAジャーナル50巻6号～10号

「サービス・マネジメントの視点から見る調停」JCAジャーナル63巻3号

「実践家事調停学―家事調停の基本技術―」調停時報196号

「今、調停委員に求められるもの―当事者理解と話の聴き方―」調停時報199号

ほか

“当事者に寄り添う”家事調停委員の基本姿勢と実践技術

2022年 9 月 5 日　第 1 刷発行

定価　本体 2,400円＋税

著　者　飯田　邦男

発　行　株式会社　民事法研究会

印　刷　株式会社　太平印刷社

発行所　株式会社　民事法研究会

〒150－0013　東京都渋谷区恵比寿 3 － 7 －16

〔営業〕　☎03－5798－7257　FAX03－5798－7258

〔編集〕　☎03－5798－7277　FAX03－5798－7278

http://www.minjiho.com/　　info@minjiho.com

ISBN978-4-86556-523-2 C2032 ¥2400E

組版／民事法研究会（Windows10 Pro 64bit+InDesign2022+Fontworks etc.）

落丁・乱丁はおとりかえします。

最新実務に必携の手引

実務に即対応できる好評実務書！

2018年３月刊 依頼者の利益を最大化するためのノウハウが満載！

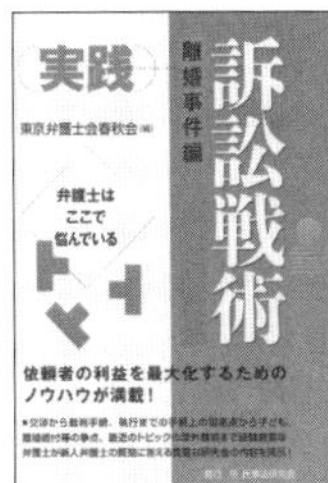

実践　訴訟戦術［離婚事件編］

―弁護士はここで悩んでいる―

交渉から裁判手続、執行までの手続上の留意点から子ども、離婚給付等の争点、最近のトピックの渉外離婚まで経験豊富な弁護士が新人弁護士の質問に答える貴重な研究会の内容を開示！

東京弁護士会春秋会　編

（Ａ５判･349頁･定価 3300円（本体 3000円＋税10％））

2018年５月刊 「財産分与」と「離婚時年金分割」の実務を柱に、基本知識や手続、ノウハウを解説！

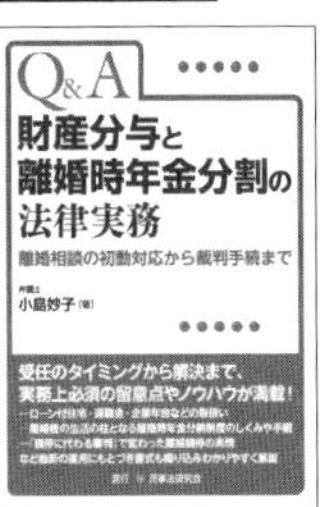

Ｑ＆Ａ財産分与と離婚時年金分割の法律実務

―離婚相談の初動対応から裁判手続まで―

ローン付住宅・退職金・企業年金などの取扱い、離婚後の生活の柱となる離婚時年金分割制度のしくみや手続、「調停に代わる審判」で変わった離婚調停の実情など、最新の運用にもとづき書式も織り込みわかりやすく解説！

弁護士　小島妙子　著

（Ａ５判･234頁･定価 3080円（本体 2800円＋税10％））

2020年９月刊 渉外家事事件の現場対応の悩みに応える！

Ｑ＆Ａ 渉外家事事件の実務と書式

国際的な離婚事件・相続事件の「相談・受任の方法」「法テラスの利用」「国際裁判管轄」「国籍」「在留資格」などの基礎知識と実務論点をＱ＆Ａ形式で整理し、調停・審判その他の手続の基本的な流れと留意点を書式と一体として解説！

渉外家事事件研究会　編

（Ａ５判･422頁･定価 4730円（本体 4300円＋税10％））

2018年10月刊 相続の承認･放棄をめぐる各種手続に利用する書式を網羅的に登載！

Ｑ＆Ａ 限定承認･相続放棄の実務と書式

「限定承認」については、相続債権者らに対する公告・催告、相続財産の換価・弁済までの管理・清算手続における法的問題を、「相続放棄」については、相続人間の利益相反行為や事実上の相続放棄との関係などの法的問題を取り上げて解説！

相続実務研究会　編

（Ａ５判･323頁･定価 3850円（本体 3500円＋税10％））

発行 民事法研究会
〒150-0013 東京都渋谷区恵比寿3-7-16
（営業） TEL 03-5798-7257　FAX 03-5798-7258
http://www.minjiho.com/　info@minjiho.com